汽车底盘构造与拆装
（第2版）

主　编　周广春　王少华
副主编　罗　伟

北京理工大学出版社
BEIJING INSTITUTE OF TECHNOLOGY PRESS

内容简介

本教材依据教育部汽车类相关专业教学标准和交通行业职业标准编写而成，结合汽车维修企业生产实践，力求体现以人为本的现代理念，从交通行业岗位群的知识和技能要求出发，注重培养学生实践操作能力。

本书内容主要包括：汽车底盘构造总体认知、汽车传动系统的构造与拆装、汽车行驶系统的构造与拆装、汽车转向系统的构造与拆装以及汽车制动系统的构造与拆装，共计五大内容18个任务。

全书以任务为驱动，收集知识点，依照汽车维修作业项目的工艺流程，以拆卸—安装—检修—诊断为章节知识技能结构，提出技能要求，整体结构循序渐进，直观明了，充分考虑职业院校学生知识接受的发展规律，便于学生理论与实操的掌握。

版权专有　侵权必究

图书在版编目（CIP）数据

汽车底盘构造与拆装 / 周广春，王少华主编．—2．—北京：北京理工大学出版社，2023.7重印

ISBN 978-7-5682-7734-1

Ⅰ．①汽⋯　Ⅱ．①周⋯②王⋯　Ⅲ．①汽车－底盘－结构－岗位培训－教材②汽车－底盘－装配（机械）－岗位培训－教材　Ⅳ．① U463.1 ② U472.41

中国版本图书馆 CIP 数据核字（2019）第 248867 号

出版发行 / 北京理工大学出版社有限责任公司

社　　址 / 北京市海淀区中关村南大街 5 号

邮　　编 /100081

电　　话 /（010）68914775（总编室）

　　　　　（010）82562903（教材售后服务热线）

　　　　　（010）68944723（其他图书服务热线）

网　　址 / http：//www.bitpress.com.cn

经　　销 / 全国各地新华书店

印　　刷 / 定州市新华印刷有限公司

开　　本 / 787 毫米 ×1092 毫米　1/16

印　　张 / 12

字　　数 / 260 千字

版　　次 / 2023 年 7 月第 2 版第 7 次印刷

定　　价 / 42.50 元

责任编辑 / 陆世立

文案编辑 / 陆世立

责任校对 / 周瑞红

责任印制 / 边心超

图书出现印装质量问题，请拨打售后服务热线，本社负责调换

前言 PREFACE

党的二十大报告首次提出"加强教材建设和管理",表明了教材建设国家事权的重要属性,凸显了教材工作在党和国家事业发展全局中的重要地位,体现了党中央对教材工作的高度重视和对"尺寸课本、国之大者"的殷切期望。为深入贯彻党的二十大精神,加快推动产业结构、能源结构、交通运输结构等调整优化,积极推进课程改革和教材建设,校企"双元"联合开发教材,为职业教育教学提供更加丰富、多样的实用教材,适应经济发展、产业升级和技术进步,满足交通运输业科学发展的需要。北京理工大学出版社特邀请一批知名行业专家、学者以及一线骨干教师,按照"专业设置与产业需求对接、课程内容与职业标准对接、教学过程与生产过程对接"的"三对接"要求,出版了该套图解版汽车职业教育系列教材。

本教材针对职业教育的特点和规律,紧紧围绕技术技能型人才的培养目标,以能力为本位,以工作过程为导向,以职业活动为主线,以任务为驱动,引入全新的任务驱动式教学模式。本教材结构合理、层次清晰,将底盘系统的构造原理与其检修知识和技能进行了有机结合,并且在介绍底盘各个系统构造时插入大量结构图与实物图,更加有利于学生认知和学习。同时,底盘各系统检修与诊断采用"实物检修流程"图,将知识与技能融合进行二维转化,便于学生理解,降低故障诊断与检修知识及技能点的传授难度。

全书共分为5个项目18个学习任务:汽车底盘构造总体认知,汽车传动系统的构造与拆装,汽车行驶系统的构造与拆装,汽车转向系统的构造与拆装以及汽车制动系统的构造与拆装。对于结构原理知识和拆装、检修、诊断技能,以实际结合,配备大量的图示说明,使学生按图索骥,更容易知识点理解和技能点的掌握,从而高质量地完成学习任务。

本教材在内容编写上具有以下特点:

1. 教材设计符合职业教育理念。本教材以就业为导向,强化文化基础教育和技术技能培养,符合高素质中、初级汽车专业使用人才培养需求。

2. 任务目标清晰明确。每一个课题开始,设置学习任务,使学生在学习前能明确目标,从而在后面的学习中做到有的放矢。在课题中设置"思考与练习""课题小结"等内容，便于学生对课题设计知识内容的理解和记忆。

3. 设置案例任务引领。每一个任务都有来源于岗位实际工作案例导入，学习任务贴近生产实际，便于学生产生学习共鸣，激发学习兴趣，学习目标明确，从而在学习时做到心中有数，有的放矢。

4. 教材组织架构循序渐进。根据中职学生身心发展规律及在日常学习中对于接受知识和理解知识的思维习惯，对汽车底盘各大系统的任务实例进行系统化的讲解和演示。

5. 教材内容实用简练。内容与生产标准对接，介绍大量企业的典型故障的维修案例，文字简练、脉络清晰、版式新颖，理论阐述言简意赅，遵循"必需""够用"原则，在保证知识体系相对完整的同时，做到知识技能传授实用和生动。

6. 线上线下资源一体化。由上海景格科技股份有限公司和长沙市博信教育科技有限公司匹配大量的视频教学资源，教材内容与线上教学资源（教案、教学课件、视频）一体化。通过以上要素有机结合，优化教学效果，打造高效课堂。

本教材由武汉市交通学校周广春、天津职业技术师范大学王少华主编，武汉市交通学校罗伟担任副主编。

本教材可供职业院校汽修专业学生使用，也可作为汽车相关专业学生的参考用书。

限于编者经历和水平，教材内容难以覆盖全国各中等职业院校的实际情况，希望各学校在选用和推广本系列教材的同时，注重经验总结，及时提出修改意见和建议。

编　者

目录 CONTENTS

课题一 汽车底盘构造总体认知 ············· 1
    任务　底盘的作用和基本组成 ············· 1

课题二 汽车传动系统的构造与拆装 ············· 7
    任务一　传动系统概述 ············· 8
    任务二　汽车离合器的构造与拆装 ············· 9
    任务三　手动变速器的构造与拆装 ············· 25
    任务四　自动变速器的认识 ············· 50
    任务五　驱动桥的构造与拆装 ············· 60

课题三 汽车行驶系统的构造与拆装 ············· 87
    任务一　行驶系统的组成与作用 ············· 88
    任务二　车轮与轮胎的认识与拆装 ············· 95
    任务三　汽车悬架的构造与拆装 ············· 109

课题四 汽车转向系统的构造与拆装 ············· 131
    任务一　转向系统的认识 ············· 131
    任务二　齿轮齿条式转向器的构造与拆装 ············· 133
    任务三　循环球式转向器的构造与拆装 ············· 137
    任务四　转向操纵机构的构造与拆装 ············· 143
    任务五　动力转向系统的认识 ············· 147

课题五 汽车制动系统的构造与拆装 ············· 157
    任务一　制动系统的认识 ············· 158
    任务二　盘式制动器的构造与拆装 ············· 160
    任务三　鼓式制动器的构造与拆装 ············· 167
    任务四　制动传动装置的构造与拆装 ············· 175

参考文献 ············· 185

课题一 汽车底盘构造总体认知

知识要求

1. 掌握汽车底盘的基本组成。
2. 了解底盘各部件的作用。

技能要求

能正确描述汽车底盘各系统主要组成部件。

素质要求

1. 了解汽车产业电动化、智能化、网联化、共享化发展对汽车底盘系统的意义。
2. 理解精益求精、专注、责任和创新求实的工匠精神。

任务 底盘的作用和基本组成

汽车底盘由传动系统、行驶系统、转向系统和制动系统四部分组成，如图1-1所示。底盘的作用是支承、安装汽车发动机及其各部件、总成，形成汽车的整体造型，并接受发动机的动力，使汽车产生运动，保证正常行驶。

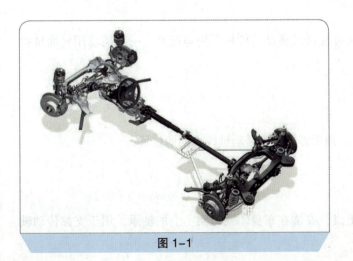

图1-1

一、传动系统

汽车发动机与驱动轮之间的动力传递装置称为汽车传动系统。它应保证汽车具有在各种行驶条件下所必需的牵引力、车速,以及它们之间的协调变化等功能,使汽车有良好的动力性和燃油经济性;还应保证汽车能倒车,以及左、右驱动车轮能适应差速器要求,并使动力传递机构能根据需要而平稳地接合或彻底、迅速地分离。

传动系统包括离合器、变速器、传动轴、万向传动装置、主减速器及差速器、半轴等部分,如图1-2所示。

图 1-2

1. 离合器

离合器的主要作用如下:
①平顺接合动力,保证汽车平稳起步。
②临时切断动力,保证换挡时工作平顺。
③防止传动系统过载。
常见的离合器有摩擦式离合器、液力偶合器、电磁离合器。最为常见的离合器是摩擦式离合器。

2. 变速器

变速器大体有三种作用:
①根据不同行驶条件对牵引力的需要改变传动比,使发动机尽量工作在有利的工况下,满足行驶速度的要求。
②实现倒车行驶,用来满足汽车倒退行驶的需要。
③中断动力传递,可在发动机起动、怠速运转、汽车换挡或需要停车时,中断向驱动轮的动力传递。

3. 传动轴

传动轴是连接或装配各项配件,而又可移动或转动的圆柱形物体配件,一般均使用轻而抗扭性佳的合金钢管制成。

4. 万向节

万向节是实现变角度动力传递的机件,用于需要改变传动轴线方向的位置。

5. 传动轴中间支承

传动轴中间支承由支承座和缓冲垫组成,安装在车身(或车架)上的轴承,用于支撑传动轴的一端。

6. 主减速器

主减速器用于降低转速,增大转矩,改变动力的传递方向。

7. 差速器

差速器用于将主减速器传来的动力分配给左、右两半轴,并允许左、右两半轴以不同角速度旋转。

8. 半轴

半轴用于将差速器传来的动力传给驱动轮。

二、行驶系统

汽车行驶系统的作用是接受发动机经传动系统传来的转矩,并通过驱动轮与路面间的附着作用产生路面对汽车的牵引力,以保证整车正常行驶;此外,它应尽可能缓和不平路面对车身造成的冲击和振动,保证汽车行驶平顺性,并且能与汽车转向系统很好地配合工作,实现汽车行驶方向的正确控制,以保证汽车操纵稳定性。

行驶系统包括车架、悬架、车桥和车轮等部分,如图1-3所示。

图1-3

1. 车架

车架是汽车上各部件的安装基础。例如,发动机、变速器、车身或驾驶室通过弹性支承安装于车架上;前、后桥通过悬架连接在汽车车架上;转向器则直接安装在车架上,通常车架由纵梁和横梁组成。车架按照结构形式主要可分为边梁式车架、中梁式车架以及综合式车架三种。

2. 悬架

悬架是汽车的车架与车桥(或车轮)之间的一切传力连接装置的总称,其作用是传递作用在车轮和车架之间的力和力矩,并且缓冲由不平路面传给车架或车身的冲击力,并衰减由此引起的振动,以保证汽车能平顺地行驶。

3. 车桥

车桥通过悬架与车架连接,支承着汽车大部分重量,并将车轮的牵引力或制动力,以及侧向力经悬架传给车架。为了便于与不同悬架相配合，汽车的车桥分为整体式和断开式两种。按使用功能划分，车桥又可分为转向桥、转向驱动桥、驱动桥和支持桥。

4. 车轮

车轮的主要作用是支承汽车车体重量，缓和由于路面不平引起的冲击力，接受和传递制动力和驱动力。轮胎具有抵抗侧滑的能力，并具有自动回正的能力，使汽车正常转向，保持直线行驶。

三、转向系统

汽车转向系统是用来保持或者改变汽车行驶方向的机构。在汽车转向行驶时，要保证各转向轮之间有协调的转角关系。驾驶员通过操纵转向系统，使汽车保持在直线或转弯运动状态，或者使上述两种运动状态互相转换。

转向系统包括转向操纵机构、转向器、转向传动机构等部分。转向系统结构如图 1-4 所示。

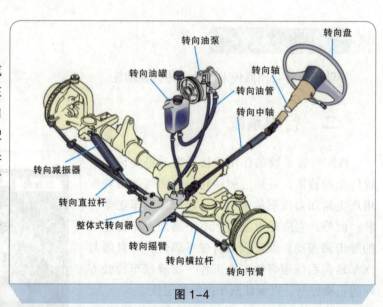

图 1-4

1. 转向操纵机构

转向操纵机构由转向盘、转向轴、转向管柱等组成，它的作用是将驾驶员转动转向盘的操纵力传给转向器。转向轴是将转向盘的力矩传给转向器的装置，而转向轴穿过转向柱管，一般的转向柱管都装备了能够缓和冲击的吸能装置。

2. 转向器

转向器的功能是将转向盘的转动变为齿条轴的直线运动或转向摇臂的摆动，降低运动速度，增大转向力矩并改变转向力矩的传动方向。

3. 转向传动机构

转向传动机构的作用是将转向器输出的力和运动传到转向桥两侧的转向节，使两侧转向轮偏转，且使两转向轮偏转角按一定关系变化，以保证汽车转向时车轮与地面的相对滑动尽可能小。

四、制动系统

制动系统可分为行车制动系统、驻车制动系统、应急制动系统及辅助制动系统等。上述各制动系统中，行车制动系统和驻车制动系统是每一辆汽车都必须具备的。

制动系统包括制动器、制动操纵机构，现代汽车制动系统中还装设了制动防抱死装置。制动系统结构如图1-5所示。

图1-5

1. 制动器

制动器是可以产生阻碍车辆的运动或运动趋势的力（制动力）的部件。汽车上常用的制动器都是利用固定元件与旋转元件工作表面的摩擦而产生制动力矩，称为摩擦制动器。制动器有鼓式制动器和盘式制动器两种结构形式。

2. 制动操纵机构

制动操纵机构指产生制动动作、控制制动效果并将制动能量传输到制动器的各个部件，以及制动轮缸和制动管路。

一、简答题
1. 简述汽车底盘的基本组成及作用。
2. 简述传动系统的组成及作用。
3. 简述离合器、变速器的作用。
4. 简述汽车转向系统、行驶系统、制动系统的组成及作用。

课题二 汽车传动系统的构造与拆装

知识要求

1. 掌握汽车传动系统的组成及作用。
2. 了解离合器的分类。
3. 掌握离合器的结构与工作原理。
4. 了解汽车变速器的作用和分类。
5. 掌握汽车变速器的工作原理。
6. 理解手动变速器的工作原理。
7. 能分析手动变速器的动力传递过程。
8. 了解自动变速器的组成与工作原理。
9. 了解驱动桥的组成与作用。
10. 熟悉主减速器、差速器、万向传动装置的结构与工作原理。

技能要求

1. 会进行离合器的拆装与检修。
2. 会进行手动变速器的拆装与检修。
3. 会进行驱动桥的拆装与检修。
4. 能够独立拆装差速器。

素质要求

1. 注重6S管理核心理念，内化于行，让6S管理贯彻工作任务始终。
2. 通过传动系总成拆检等任务实施中难点突破，培养学生锲而不舍、精益求精的工匠精神。
3. 通过对传动系统总成不断拆检提升技能水平和效益质量，落实质量标准和要求，养成质量意识。
4. 阅读维修手册等多种来源材料获取信息，解决实际动手操作中的问题。
5. 记录信息与观察、观测到结果，做出推理并得出总成件或零部件功能完好与否的判断或结论。
6. 熟知安全环保常识，有效地计划并实施各种活动，并在活动中不断养成安全环保意识，保证自己行为不会给自己、他人和环境带来危险和危害。

任务一 底盘的作用和基本组成

一、汽车传动系统的组成

现代汽车普遍采用活塞式内燃机，与之相配用的传动系统大多数采用机械式传动系统（如图2-1所示），它由离合器、变速器、万向传动装置、主减速器、差速器和半轴等组成。

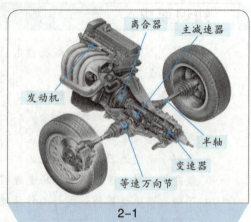

2-1

二、汽车传动系统的作用

汽车传动系统的基本作用是将发动机发出的动力按需要传给驱动车轮，使汽车前进或倒退。为此，任何形式的传动系统具有以下功能。

1. 实现汽车减速增矩

在发动机功率不变的情况下，当汽车行驶阻力增加时，通过传动系使驱动轮的转速降低，转矩增大，从而保证汽车在各种阻力下所需要的牵引力。当汽车在路况良好的路面上高速行驶时，通过传动系统增大驱动轮的转速，降低转矩。

2. 实现汽车变速

在发动机转速变化不大的条件下，传动系统可使汽车行驶速度有较大的变化范围，保证汽车在各种情况下对速度变化的要求。

3. 实现汽车倒车

汽车在某些情况下（如进入停车场或车库、在窄路上掉头时），需要倒向行驶。然而，内燃机是不能反向旋转的，故与内燃机共同工作的传动系统必须保证在发动机旋转方向不变的情况下，能使驱动轮反向旋转。实现汽车倒车的一般措施是在变速器内加设倒挡（具有中间齿轮的减速齿轮副）。

4. 应使车轮具有差速功能

当汽车转弯行驶时，左、右车轮在同一时间内转过的距离不同，如果两侧驱动轮仅用刚性轴驱动，则二者角速度必然相同，因而在汽车转弯时必然产生车轮相对于地面滑动的现象。这将使转向困难，汽车的动力消耗增加，传动系统内某些零件和轮胎加速磨损。所以，我们需要在驱动桥内装置具有差速作用的部件——差速器，使左、右两驱动轮可以不同的角速度旋转。

5. 必要时中断传动系统的动力传递

内燃机只能在无负荷情况下起动，而且起动后的转速必须保持在最低稳定转速上，否则极可能熄火，所以在汽车起步之前，必须将发动机与驱动轮之间的传动路线切断，以便起动发动机。发动机进入正常怠速运转后，再逐渐地恢复传动系的传动能力，即从零开始逐渐对发动机曲轴加载，同时增大节气门开度，以保证发动机不致熄灭，且汽车能平稳起步。

任务二　汽车离合器的构造与拆装

一、离合器的作用

离合器安装于发动机与变速器之间，驾驶员可根据行驶需要控制离合器的接合和分离，从而连接或切断发动机与驱动轮之间的动力传递。其具体作用如下：

离合器的功用
和基本原理

1. 平顺接合动力，保证汽车平稳起步

这是离合器的首要作用。汽车起步时，驾驶员缓慢抬起离合器踏板，使离合器的主、从动部分逐渐接合，与此同时，逐渐踩下加速踏板，以增加发动机的输出转矩，这样发动机的转矩便可由小到大传给传动系。当牵引力足以克服汽车起步时的行驶阻力时，汽车便由静止开始缓慢逐渐加速，实现平稳起步。

2. 临时切断动力，保证换挡时工作平顺

在汽车行驶过程中，为适应不断变化的行驶条件，传动系经常要更换不同挡位工作。若无离合器配合，将使换挡困难，出现变速器"打齿"现象。通过离合器和节气门踏板配合，可使换挡工作平顺。

3. 防止传动系统过载

当汽车进行紧急制动时，因为有了离合器，当传动系统承受负荷超过离合器所能传递的最大转矩时，离合器主动部分和从动部分之间会产生相对滑动，以消除因传动系统过载而损坏机件的危险。

二、离合器的类型

在汽车机械式传动系中广泛采用摩擦式离合器。摩擦式离合器的种类很多，可以根据以下方法划分。

1. 按从动盘的数目分类

摩擦式离合器按从动盘的数目可以分为单片离合器、双片离合器和多片离合器。

课题二 汽车传动系统的构造与拆装

▶ 单片离合器

轿车、客车和部分中、小型货车多采用单片离合器,因为发动机的最大转矩一般不是很大,单片从动盘就可以满足动力传动的要求。

▶ 双片离合器

双片离合器由于增加了一片从动盘,使得在其他条件不变的情况下,将比单片离合器所能传动的转矩增大了一倍(由于一个从动盘是两个摩擦面传递动力,而两个从动盘则是四个摩擦面传递动力),多用于重型车辆上。

▶ 多片离合器

多片离合器因轴向尺寸较大,很少在汽车上采用。

2. 按压紧弹簧的形式分类

摩擦式离合器按压紧弹簧的形式可以分为膜片弹簧离合器、螺旋弹簧离合器。

▶ 膜片弹簧离合器

膜片弹簧离合器采用膜片弹簧作为压紧弹簧(如图2-2所示),目前应用最广泛。

▶ 螺旋弹簧离合器

螺旋弹簧离合器按螺旋弹簧布置方式可分为周布弹簧离合器、中央弹簧离合器。其中周布弹簧离合器采用若干个螺旋弹簧作为压紧弹簧,这些弹簧沿压盘圆周分布,如图2-3所示。中央弹簧离合器采用一至两个圆柱螺旋弹簧或用一个圆锥弹簧作为压紧弹簧,并且布置在离合器的中心。

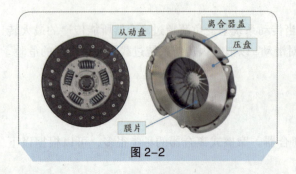

图 2-2

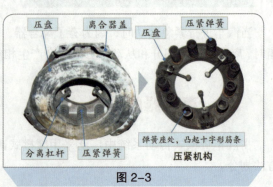

图 2-3

3. 按操纵机构的不同分类

摩擦式离合器按操纵机构的不同可分为机械式、液压式、气压助力式等。

三、离合器的组成及工作原理

1. 摩擦式离合器的基本组成

离合器的原理拆装检修

摩擦式离合器由主动部分、从动部分、压紧机构和操纵机构四部分组成,如图2-4所示。

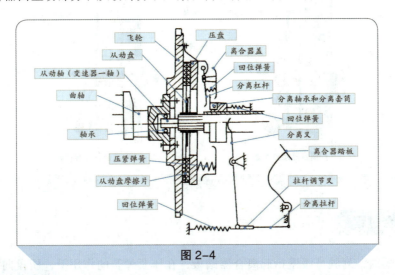

图2-4

(1) 主动部分

主动部分包括飞轮、离合器盖和压盘。离合器盖用螺栓固定在飞轮上,压盘后端圆周上的凸台伸入离合器盖的窗口中,并可沿窗口轴向移动。这样,当发动机转动时,动力便经飞轮、离合器盖传到压盘,并一起转动。

(2) 从动部分

从动部分包括从动盘和从动轴。从动盘带有双面的摩擦衬片,离合器正常接合时分别与飞轮和压盘相接触。从动盘通过花键毂装在从动轴的花键上,从动轴是手动变速器的输入轴(一轴),其前端通过轴承支承在曲轴后端的中心孔中,后端支承在变速器壳体上。

(3) 压紧机构

压紧机构由若干根沿圆周均匀布置的压紧弹簧构成,它们装在压盘与离合器盖之间,用来将压盘和从动盘压向飞轮,使飞轮、从动盘和压盘三者压紧在一起。

(4) 操纵机构

操纵机构包括离合器踏板、分离拉杆、调节叉、分离叉、分离套筒、分离轴承、分离杠杆、回位弹簧等。

2. 摩擦式离合器的基本工作原理

摩擦式离合器的基本工作原理如图 2-5 所示。

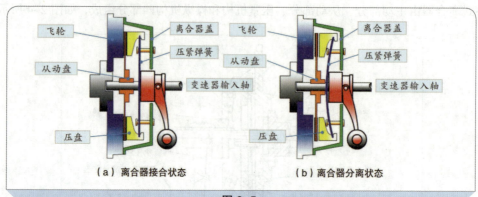

（a）离合器接合状态　　（b）离合器分离状态

图 2-5

（1）接合过程

接合离合器时，驾驶员缓慢抬起离合器踏板，在压紧弹簧的作用下，压盘向前移动并逐渐压紧从动盘，使接触面间的压力逐渐增加，摩擦力矩也逐渐增加；当飞轮、压盘和从动盘之间接合还不紧密时，所能传动的摩擦力矩较小，离合器的主、从动部分有转速差，离合器处于打滑状态；随着离合器踏板的逐渐抬起，飞轮、压盘和从动盘之间的压紧程度逐渐紧密，主、从动部分的转速也渐趋相等，直到离合器完全接合而停止打滑，接合过程结束。

（2）接合状态

如图 2-5（a）所示，离合器处于接合状态时，从动盘在压紧弹簧的作用下压紧在飞轮端面。发动机工作时，飞轮旋转，靠离合器从动盘摩擦片与飞轮端面之间的摩擦力将动力传给变速器。

（3）分离状态

如图 2-5（b）所示，踩下离合器踏板，通过操纵机构，使分离套筒克服压紧弹簧的作用力右移，使离合器的主、从动部分分离，中断动力传动。

四、从动盘与扭转减震器

离合器从动盘组成

发动机传到汽车传动系统中的转矩是周期性地不断变化着的，这将使得传动系统产生扭转振动。如果这一振动的频率与传动系统的自振频率相重合，就会发生共振，从而对传动系统中零件的寿命有很大影响。此外，在不分离离合器的情况下进行紧急制动或猛烈接合离合器时，在瞬间都将对传动系统中的零件造成极大的冲击载荷，从而缩短零件的使用寿命。为此，为了避免共振，缓和传动系统所受的冲击载荷，在不少的汽车传动系统中装设了扭转减振器，且多数将扭转减振器附装在离合器的从动盘中。因此，从动盘还有带扭转减振器和不带扭转减振器之分（如图2-6所示）。

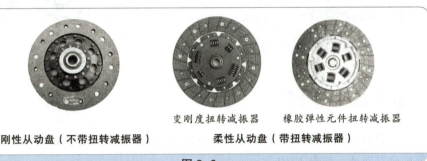

图2-6

带扭转减振器的从动盘结构如图2-7所示。

带扭转减振器与不带扭转减振器的从动盘本体的外缘部分（即装摩擦片的部分）的结构基本相同，带扭转减振器的从动盘只是在中心部分附装有扭转减振器。从动盘本体与从动盘毂之间通过减振器来传递转矩。在这种结构中，从动盘本体、从动盘毂和减振器盘都开有六个矩形窗孔，减振器弹簧装窗孔中，借以实现从动盘本体与从动盘毂之间在圆周方向上的弹性联系。减振器盘与从动盘本体用铆钉铆成一个整体，并将从动盘毂及其两侧的阻尼片夹在中间，从动盘本体及减振器盘上的窗孔有翻边，使六个弹簧不致脱出。在从动盘毂上开有与铆钉隔套相对的缺口，在缺口与隔套之间留有间隙，允许从动盘本体与从动盘毂之间相对转动一个角度。

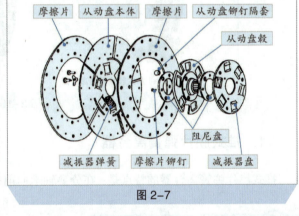

图2-7

扭转减振器的工作原理如下：

不工作时

从动盘不工作时，从动盘本体、盘毂及减振器盘三者的窗孔是相互重合的，如图2-8所示。

工作时

从动盘工作时（如图2-9所示），两侧摩擦片所受摩擦力矩首先传到从动盘本体和减振器盘上，再经六个弹簧传给从动盘毂。这时弹簧被压缩，借此吸收传动系统所受的冲击。传动系统中的扭转振动导致本体及减振器盘同从动盘毂之间的相对往复扭转，从而可依靠两个阻尼片与上述三者之间的摩擦来消耗扭转振动的能量，使扭转振动迅速衰减。

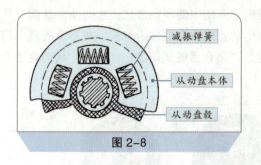
图 2-8

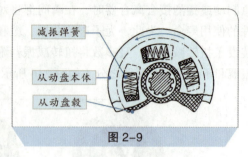
图 2-9

五、膜片弹簧离合器

膜片弹簧离合器根据膜片弹簧受分离杠杆的作用力的不同,可分为推式膜片弹簧离合器和拉式膜片弹簧离合器两种,如图 2-10 所示。

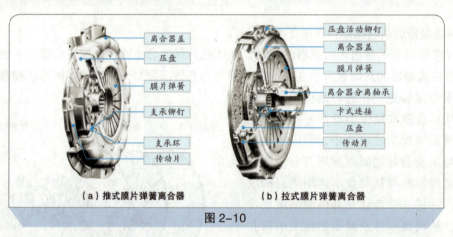

(a)推式膜片弹簧离合器　　(b)拉式膜片弹簧离合器

图 2-10

1. 推式膜片弹簧离合器

推式膜片弹簧离合器的特点是:在分离轴承向前推力的作用下,离合器分离,其工作原理如下。

(1)安装前位置

当离合器盖未固定在飞轮上时,膜片弹簧不受力,处于自由状态。飞轮与离合器盖端面之间有一距离 L,如图 2-11 所示。

(2)接合状态

当用螺钉将离合器盖紧固在飞轮上时,离合器盖靠向飞轮,消除距离,后钢丝支承环压紧膜片弹簧使之发生弹性变形(锥角变小);同时,膜片弹簧外端对压盘产生压紧力,使离合器处于接合状态,如图 2-12 所示。

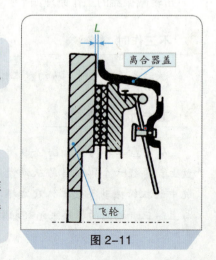

图 2-11

（3）分离位置

分离轴承左移，膜片弹簧被压在前钢丝支承环上，其径向截面以支承环为支点转动（膜片弹簧呈反锥形），于是膜片弹簧外端后移，并通过分离钩带动压盘后移使离合器分离，如图2-13所示。可见，膜片弹簧起到压紧弹簧和分离杠杆的双重作用。

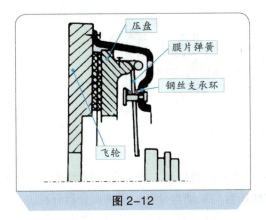

图2-12

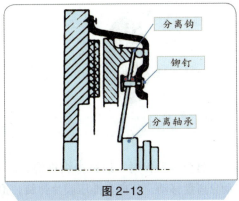

图2-13

奥迪100型轿车的离合器采用的就是推式膜片弹簧离合器，如图2-14所示。

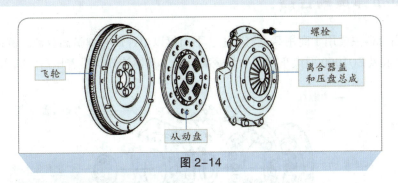

图2-14

2. 拉杆式膜片弹簧离合器

拉式膜片弹簧离合器的结构形式与推式弹簧离合器的结构形式大体相同，只是将膜片弹簧反装，其支承点由原来的中间支承环处移至膜片弹簧大端外径的边缘处，支承在离合器盖上，如图2-15所示。

拉杆式膜片弹簧离合器的特点是：在分离轴承向后拉力的作用下，离合器分离。

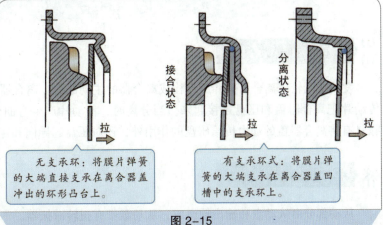

图2-15

捷达轿车离合器采用的是拉式膜片弹簧离合器，如图 2-16 所示。离合器分离盘通过卡环卡在膜片弹簧的三个定位爪上，从动盘的花键毂与变速器输入轴配合，输入轴是空心的，离合器分离推杆从中穿过。分离推杆的左端与离合器分离轴承接触，右端顶在分离盘的中央凹坑中，飞轮用螺栓反装在离合器盖上。

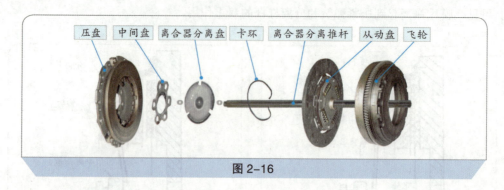

图 2-16

当踩下离合器踏板时，通过操纵机构，使离合器分离臂转动，推动分离轴承移动，并使分离推杆推动分离盘移动，分离盘推压膜片弹簧，迫使压盘与从动盘分开，完成离合器分离。

六、周布弹簧离合器

周布弹簧离合器主要用于商用载重汽车上。下面仅以单片周布弹簧离合器为例进行简单介绍。图 2-17 所示为东风 EQ1090 型汽车的周布弹簧离合器，其螺旋弹簧沿着压盘的圆周做同心圆布置。

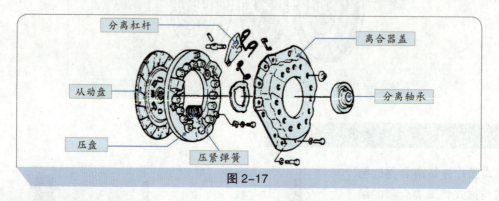

图 2-17

1. 主动部分

发动机飞轮、离合器盖和压盘构成离合器的主动部分。离合器盖用螺钉安装在发动机飞轮上。传动片把离合器盖和压盘连接起来。当分离时，传动片产生弯曲变形以使压盘可以后移。传动片除具有将离合器盖的动力传给压盘的作用外，还对压盘起导向和定心作用。

2. 从动部分

从动部分由从动盘和输出轴组成，从动盘带有扭转减振器。

3. 压紧机构

沿圆周分布于压盘和离合器盖之间的压紧弹簧组成了离合器的压紧机构。在压紧弹簧的作用下，压盘将从动盘压向飞轮，使离合器处于接合状态。

七、离合器操纵机构

离合器的操纵机构是驾驶员借以使离合器分离、又使之柔和接合的一套机构。常见的离合器操纵机构有机械式、液压式和气压助力式三种，目前汽车离合器广泛采用的是机械式或液压式操纵机构。

1. 机械式操纵机构

机械式操纵机构通常有杠杆式和绳索式两种。

（1）杠杆式离合器操纵机构

杠杆式离合器操纵机构如图2-18所示，其结构简单，工作可靠，广泛应用于各型汽车上；但杠杆式传动中杆件间铰接多，摩擦损失大，车架或车身变形以及发动机位移时会影响其正常工作。东风EQ1090E型汽车即为杆系传动机构。

（2）绳索式离合器操纵机构

离合器踏板的调整

绳索式离合器操纵机构如图2-19所示。绳索一端与离合器踏板相连，一端与分离叉相连。踩下离合器踏板时，绳索拉动分离叉把分离轴承压向膜片弹簧，使离合器分离。

绳索的使用寿命较短，拉伸刚度较小，故只适用于轻型、微型汽车和轿车。例如，桑塔纳、捷达轿车离合器的操纵机构中就采用了绳索传动。

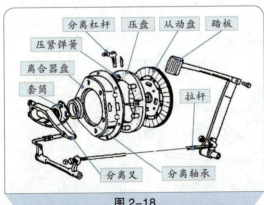

图 2-18

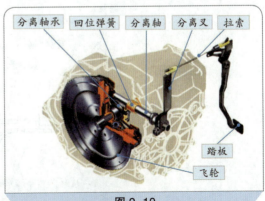

图 2-19

2. 液压式操纵机构

液压式操纵机构主要由主缸、工作缸和管路系统等组成。目前液压式操纵机构在各类型车上应用广泛。

当踏板受到作用力时，在主缸中就建立起液压，压力通过液压管送到工作缸。此压力用于移动分离叉来达到离合器的操纵。图2-20所示是液压式操纵机构系统，这个系统相似于制动系统，有主缸、离合器踏板、工作缸和储液罐（储存多余的液压油）。在工作中，当离合器踏板踩下时，在液压管道中就产生了液压，液压用于离合器接合和分离工作。

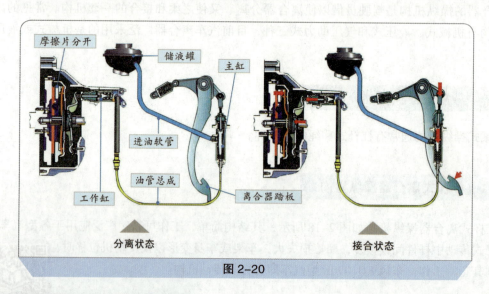

图2-20

3. 气压助力式操纵机构

气压助力式操纵机构以发动机驱动的空气压缩机作为主要操纵能源，而以人体作为辅助或后备的操纵能源，多与汽车的气压制动系统或其他气动设备共用一套压缩空气源。气压助力式操纵机构如图2-21所示，离合器踏板通过第一拉杆与随动控制阀相连，随动控制阀可随拉杆一起移动。助力缸固定在车架上，它与随动控制阀之间用气管连接。进气管则通储气筒。

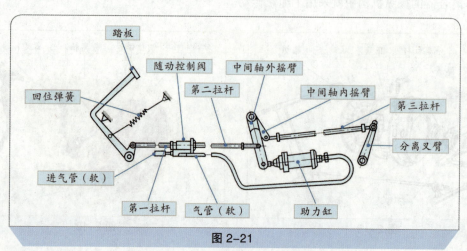

图2-21

任务二　汽车离合器的构造与拆装

八、离合器的拆装

1. 离合器的拆卸

离合器总成检修

步骤 1

拆下飞轮盘上的紧固螺栓,如图 2-22 所示。

步骤 2

取下飞轮盘与从动盘,如图 2-23 所示。

图 2-22

图 2-23

步骤 3

取下卡簧和离合器分离盘,如图 2-24 所示。

步骤 4

拧下固定螺栓,取下中间盘和压盘,如图 2-25 所示。

图 2-24

图 2-25

2. 离合器的安装

步骤1

将离合器压盘固定在曲轴上,装上中间盘,并用30N·M的扭力拧紧紧固螺栓,如图2-26所示。

步骤2

装上离合器分离盘,如图2-27所示。

图2-26

图2-27

步骤3

装上卡簧,如图2-28所示。

步骤4

装上飞轮盘与从动盘,用20N·M的扭力拧紧紧固螺栓,如图2-29所示。

图2-28 安装卡簧

图2-29

步骤5

装上盖板,如图2-30所示。

图2-30

九、离合器的检修

1. 从动盘的检修

离合器的检修

步骤1

先目视检查,看从动盘摩擦片是否有裂纹、铆钉外露、减振器弹簧断裂(如图2-31所示)等情况,如果有则更换从动盘。

步骤2

检查从动盘摩擦片的磨损程度。摩擦片的磨损程度可用游标卡尺进行测量。铆钉头埋入深度应不小于0.30mm,如图2-32所示。

> **注意**
>
> 检查的是铆钉头的深度,即浅处的深度。如果检查结果超过要求,则应更换摩擦片或从动盘总成。

图2-31

图2-32

步骤3

用游标卡尺测量从动盘的厚度是否超过极限值,如果检查结果超过要求值则更换,如图2-33所示。

步骤4

检查从动盘的端面圆跳动。在距从动盘外边缘2.5mm处测量,离合器从动盘最大端面圆跳动不大于极限值,如图2-34所示。

图2-33

图2-34

2. 压盘的检修

步骤 1

检查压盘的端面圆跳动。用百分表检查压盘端面跳动，如图 2-35 所示，压盘固定在芯轴上，压盘最大端面圆跳动极限为 0.2mm。如超过极限值，则更换压盘。

步骤 2

检查膜片弹簧各齿是否在同一个高度，是否有断裂、过度磨损等现象，若有则更换离合器压盘，如图 2-36 所示。

图 2-35

图 2-36

十、离合器常见故障的检修

离合器的常见故障有离合器打滑、分离不彻底、发抖、异响等。

1. 离合器打滑

故障现象

汽车低速挡起步时，离合器踏板抬起后，汽车不能起步或起步困难；汽车加速行驶时，车速不能随发动机转速的提高而提高，上坡动力不足，且伴有离合器发热、产生糊味，甚至冒烟等现象。

故障原因分析

①离合器踏板没有自由行程，使分离轴承压在分离杠杆上。

> [知识链接] 离合器的自由间隙和离合器踏板自由行程

离合器在正常接合状态下，分离杠杆内端与分离轴承之间应留有一个间隙，一般为几毫米，这个间隙称为离合器自由间隙。如果没有自由间隙，从动盘摩擦片磨损变薄后压盘将不能向前移动压紧从动盘，这将导致离合器打滑，使离合器所能传动的转矩下降，车辆行驶无力，而且会加速从动盘的磨损。

为了消除离合器的自由间隙和操纵机构零件的弹性变形所需要的离合器踏板行程称为离合器踏板自由行程。可以通过拧动调节叉来改变分离杠杆的长度，对踏板自由行程进行调整。

离合器的自由间隙和离合器踏板自由行程如图2-37所示。

②从动盘摩擦片、压盘或飞轮工作面磨损严重，离合器盖与飞轮的连接松动，使压紧力减弱。

③从动盘摩擦片油污、烧蚀、表面硬化、铆钉外露、表面不平，使摩擦系数下降。

④压力弹簧疲劳或折断，膜片弹簧疲劳或开裂，使压紧力下降。

⑤离合器操纵杆系卡滞，分离轴承套筒与导管间油污、尘腻严重，甚至造成卡滞，使分离轴承不能回位。

⑥分离杠杆弯曲变形，出现运动干涉，不能回位。

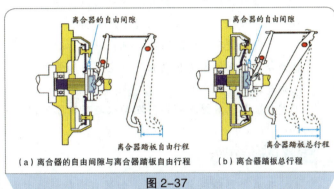

（a）离合器的自由间隙与离合器踏板自由行程　　（b）离合器踏板总行程

图2-37

故障诊断与排除

①检查离合器踏板自由行程，如不符合规定应予以调整。

②如果自由行程正常，应拆下变速器壳，检查离合器与飞轮连接螺栓是否松动，如松动则予以拧紧。

③如果离合器仍然打滑，应拆下离合器，检查从动盘摩擦片的状况。如果有油污，一般可用汽油清洗并烘干，然后找出油污来源并设法排除。如果摩擦片磨损严重或有铆钉外露，应更换从动盘。

④如果从动盘完好，则应分解离合器，检查压紧弹簧，如果弹力过小则应更换。

故障小结

离合器打滑主要应从从动盘压不紧、从动盘摩擦系数下降等方面加以考虑。

2. 离合器分离不彻底

故障现象

发动机怠速运转时，踩下离合器踏板，挂挡有齿轮撞击声，且难以挂入；如果勉强挂上挡，则在离合器踏板尚未完全放松时，发动机熄火。

课题二 汽车传动系统的构造与拆装

故障原因分析

①离合器踏板自由行程过大。
②分离杠杆弯曲变形、支座松动、支座轴销脱出,使分离杠杆内端高度难以调整。
③分离杠杆调整不当,其内端不在同一平面内或内端高度太低。
④双片离合器中间压盘限位螺钉调整不当,个别分离弹簧疲劳、高度不足或折断,中间压盘在传动销上或在离合器驱动窗口内轴向移动不灵活。
⑤从动盘钢片翘曲、摩擦片破裂或铆钉松动。
⑥新换的摩擦片太厚或从动盘正反装错。
⑦从动盘花键孔与变速器第一轴花键轴卡滞。
⑧离合器液压操纵机构漏油、有空气或油量不足。
⑨膜片弹簧弹力减弱。
⑩发动机支承磨损或损坏,发动机与变速器不同心。

故障诊断与排除

①检查离合器踏板自由行程,如果自由行程过大则进行调整;否则对液压操纵机构检查,查看储液罐油量是否不足或管路中是否有空气,并进行必要的排除。如果不是上述问题应继续检查。
②检查分离杠杆内端高度,如果分离杠杆高度太低或不在同一平面,则进行调整;否则检查从动盘是否装反,如果均没问题则继续检查。
③检查从动盘是否翘曲变形、铆钉脱落,从动盘是否轴向运动卡滞等,如果是则进行更换或修理。

故障小结

离合器分离不彻底主要应从离合器踏板自由行程、分离杠杆高度、从动盘等几个方面考虑。

任务三　手动变速器的构造与拆装

一、变速器的作用

1. 实现变速、变矩

变速器可以改变传动比，扩大驱动轮转速的变化范围，以适应汽车在不同工况下所需的牵引力和合适的行驶速度；同时，通过不同的传动比使汽车适应经常变化的行驶条件。

2. 实现倒车

变速器中设置了倒挡，在发动机旋转方向不变情况下，利用变速器中的倒挡可以实现汽车的倒向行驶。

3. 中断动力传动

变速器中设有空挡，利用变速器中的空挡，中断发动机向驱动轮的动力传递。使发动机能够起动和怠速运转，满足汽车暂时停车或滑行的需要。

二、普通齿轮变速器的工作原理

普通齿轮变速器利用不同齿数的齿轮啮合传动来实现转矩和转速的改变。变速变矩原理如下：

一对啮合传动的齿轮，设小齿轮齿数$Z_1 = 12$，大齿轮齿数$Z_2 = 24$，在相同的时间内小齿轮转过一圈时，大齿轮转过半圈。显然，当小齿轮是主动齿轮时，它的转速经大齿轮输出时就降低了一半，在不考虑机械损失的情况下，转矩则增加了一倍；如果大齿轮是主动齿轮，它的转速经小齿轮输出时就提高了一倍，在不考虑机械损失的情况下，转矩则减小了一半。齿轮传动变速原理如图2-38所示。

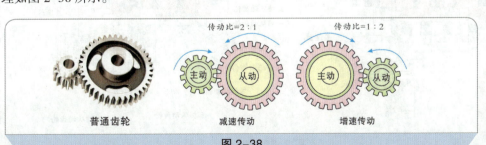

图2-38

齿轮传动比

主动齿轮转速与从动齿轮转速之比称为传动比，即

$$传动比 = \frac{主动齿轮转速}{从动齿轮转速} = \frac{从动齿轮齿数}{主动齿轮齿数}$$

三、普通齿轮变速器的结构

手动变速器包括变速传动机构和操纵机构两大部分。变速传动机构是变速器的主体部分，主要由一系列相互啮合的齿轮副及其支承轴以及作为基础的壳体组成，其主要作用是改变传动比和旋转方向。操纵机构的作用是实现换挡。

1. 变速传动机构

手动变速器按工作轴的数量（不包括倒挡轴）可分为两轴式变速器和三轴式变速器。

（1）两轴式变速器

两轴式变速器只有输入轴和输出轴（不包括倒挡轴），无中间轴，且输入轴与输出轴平行。在任何前进挡工作时，只有一对齿轮副啮合。两轴式变速器用于发动机前置前轮驱动的汽车，如桑塔纳、捷达、宝来、富康、奥迪、花冠、威驰等。

图2-39所示为宝来的MQ20002T五挡变速器结构图。它有五个前进挡和一个倒挡，全部采用同步器换挡。输入轴和输出轴上的齿轮是常啮合斜齿轮，所有换挡齿轮都在滚针轴承上移动，以获得最大的换挡平顺性；倒挡为直齿轮，选择倒挡时，倒挡惰齿轮在输 轴和输出轴之间的独立轴上啮合，因此输出轴旋转方向改变。所有前进挡都有同步装置，一、二挡都配有双面同步器，一、二挡齿轮在输出轴上啮合，其余前进挡齿轮在输入轴上啮合。

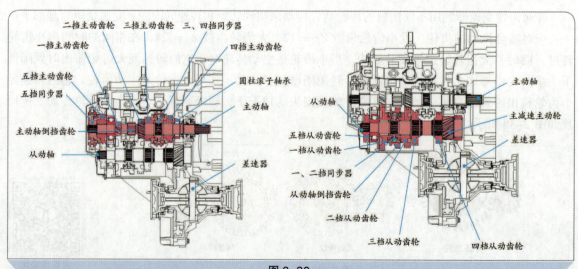

图 2-39

（2）三轴式变速器

三轴式变速器除了设有输入轴、输出轴、倒挡轴之外，还另设了中间轴。在发动机前置后轮驱动（FR型）的汽车上，常采用三轴式变速器，如丰田皇冠、日产公爵等轿车、各类轻型载货汽车、面包车及国产解放型和东风载货汽车等。其特点是传动比范围较大，有直接挡，传动效率高。

三轴式变速器结构如图2-40所示。

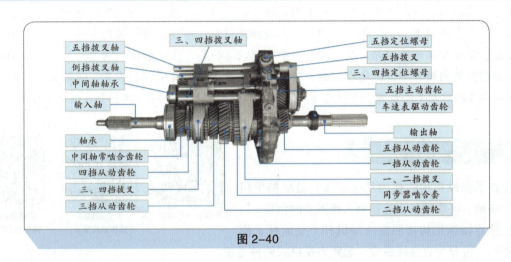

图 2-40

2. 同步器

由于变速器输入轴与输出轴以各自的速度旋转，变换挡位时，如果让两个速度不一样的齿轮强行啮合，必然会发生冲击碰撞，损坏齿轮。为实现换挡时同步，现代轿车中采用了同步器。同步器的作用是使接合套与待啮合的齿圈迅速同步，缩短换挡时间，且防止在同步前啮合而产生换挡冲击。

锁环式惯性同步器结构和工作原理

同步器有常压式、惯性式和自行增力式等，目前广泛应用的是惯性式同步器。惯性式同步器按锁止装置不同，可分为锁环式惯性同步器和锁销式惯性同步器。轿车和轻、中型载货汽车广泛采用锁环式惯性同步器。锁环式同步器主要由同步器齿毂、接合套、滑块、同步环等零件组成，如图2-41所示。

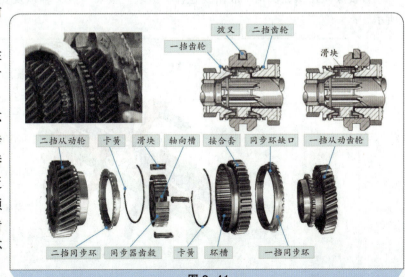

图 2-41

课题二 汽车传动系统的构造与拆装

同步器结构与原理

同步器齿毂与二轴用花键连接，用垫圈、卡环做轴向定位。同步器齿毂两端与二挡从动轮和一挡从动齿轮之间各有一个青铜制成的锁环（即一挡同步环和二挡同步环）。锁环上有短花键齿圈，其花键的尺寸和齿数与同步器齿毂、二挡从动轮和一挡从动齿轮的外花键齿相同。两个齿轮和锁环上的花键齿靠近接合套的一端都有倒角（锁止角），与接合套齿端的倒角相同。锁环有内锥面，其锥角与二挡从动轮和一挡从动齿轮的外锥面锥角相同。在环锁内锥面上制有细密的螺纹（或直槽），当锥面接触后，它能及时破坏油膜，增加锥面间的摩擦力。锁环内锥面摩擦副称为摩擦件，外沿带倒角的齿圈是锁止件，锁环上还有三个均布的缺口。三个滑块分别装在同步器齿毂上三个均布的轴向槽内，沿槽可以轴向移动。滑块被两个卡簧的径向力压向接合套，滑块中部的凸起部位压嵌在接合套中部的环槽内。滑块和卡簧是推动件。滑块两端伸入二挡同步环的缺口中，滑块窄，缺口宽，两者之差等于锁环的花键齿宽。锁环相对滑块顺转和逆转都只能转动半个齿宽，且只有当滑块位于锁环缺口的中央时，接合套与锁环才能接合。

3. 操纵机构

变速器操纵机构的作用是保证驾驶员根据使用条件，准确、可靠地将变速器换入所需要的挡位。

变速器操纵机构按照变速操纵杆（变速杆）位置的不同，可分为直接操纵式和远距离操纵式两种类型。

变速器操纵机构概述

变速器换挡操纵机构安装

变速器换挡操纵机构拆卸

（1）直接操纵式操纵机构

变速器的位置在驾驶员附近，变速杆由驾驶室底板伸出，驾驶员可直接操纵。这种操纵机构具有换挡位置容易确定，换挡快、平稳等特点，主要应用于发动机前置后轮驱动的汽车。

直接操纵式操纵机构一般由变速杆、拨块、拨叉、拨叉轴以及安全装置等组成，如图2-42所示。

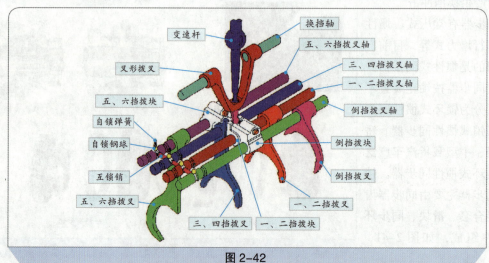

图 2-42

工作原理

变速器处于空挡时，各凹槽在横向平面内对齐，叉形拨杆下端的球头即伸入这些凹槽中。选挡时可使变速杆绕其中部球形支点横向摆动，则其下端推动叉形拨杆绕换挡轴的轴线摆动，从而使叉形拨杆下端球头对准与所选挡位对应的拨块凹槽，然后使变速杆纵向摆动，带动拨叉轴及拨叉向前或向后移动，即可实现挂挡。

（2）远距离操纵式操纵机构

在有些汽车上，由于变速器离驾驶员座位较远，则需要在变速杆与拨叉之间加装一些辅助杠杆或一套传动机构，构成远距离操纵式操纵机构。这种操纵机构多用于发动机前置前轮驱动及后置后轮驱动的汽车。

远距离操纵式操纵机构可分为杆件式操纵机构、拉索式操纵机构和柱式换挡操纵机构三种形式。

① 杆件式操纵机构

如图2-43所示，杆件式操纵机构主要由支承杆、变速杆接合器、外变速杆、倒挡保险挡块、变速杆等组成。支承杆确定了变速杆接合器底部的位置，变速杆接合器起杠杆作用，使内变速杆挂挡时移动距离变小。在变速杆支承中装有上、下半球和半轴瓦以及橡皮导套等零件，起到防松、防振作用。变速杆手柄通过变速杆、变速杆接合器与变速器内的换挡机构连接，从而实现换挡操纵。

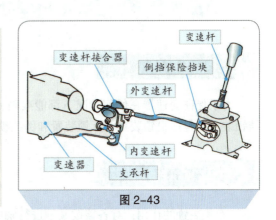

图 2-43

② 拉索式操纵机构

如图2-44所示，换挡用纵向（挂挡）拉索和横向（选挡）拉索分别控制。变速杆以球形轴承为支点，可以直接左、右、前、后摆动。当换挡操纵手柄左、右摆动时，便操纵选挡拉索；当换挡操纵杆前、后移动时，便操纵换挡拉索。拉索的运动传动到变速器内便进行挡位的变换。

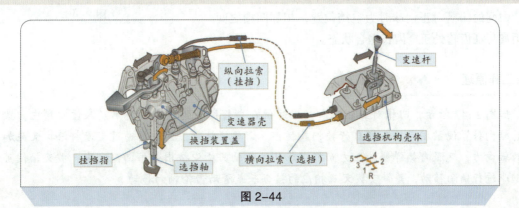

图 2-44

③ 柱式换挡操纵机构

有些轿车和轻型货车的变速器,将变速杆安装在转向柱管上,在变速杆与变速器之间通过一系列的传动件进行传动。它具有变速杆占据驾驶室空间小、乘坐方便等优点。柱式换挡操纵机构如图2-45所示。

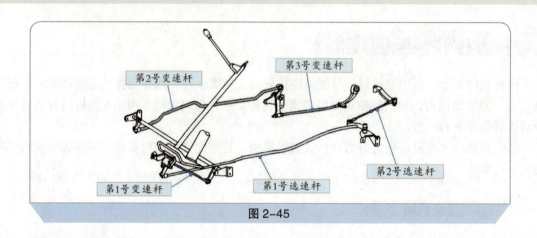

图 2-45

4. 换挡锁装置

为了保证变速器在任何情况下都能准确、安全、可靠地工作,变速器操纵机构一般都具有换挡锁装置,包括自锁装置、互锁装置和倒挡锁装置。

(1) 自锁装置

自锁装置的作用:对各挡拨叉轴进行轴向定位锁止,用于防止变速器自动脱挡或挂挡,并保证相互啮合的轮齿以全齿宽啮合。

自锁装置的结构:变速器盖中钻有深孔,孔中装入自锁弹簧与自锁钢球,其位置正处于拨叉轴的正上方,每根拨叉轴设有三个凹槽,如图2-46所示。

中间的凹槽对正钢球时为空挡位置,相邻凹槽之间的距离保证齿轮处于全齿长啮合状态。

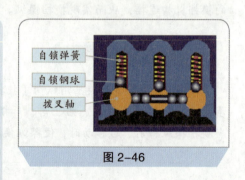

图 2-46

> 工作原理

如图2-47所示,凹槽对正钢球时,钢球便在自锁弹簧的压力作用下嵌入该凹槽内,拨叉轴的轴向位置便被固定,不能自行挂挡或脱挡。需要换挡时,驾驶员通过变速杆给拨叉施加一定的轴向力,克服自锁弹簧的压力而将钢球从拨叉轴凹槽中挤出并推回到孔中,拨叉轴便可滑过钢球进行轴向移动,并带动拨叉及相应的接合套或滑动齿轮轴向移动。

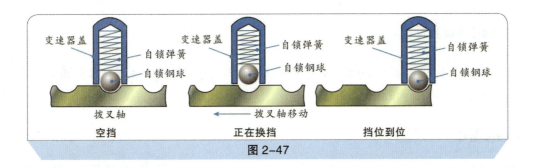

图 2-47

（2）互锁装置

互锁装置的作用：用于阻止两个拨叉轴同时移动，即当拨动一根拨叉轴轴向移动时，其他拨叉轴都被锁止，从而防止同时挂上两个挡位。

互锁装置的结构：互锁装置由互锁钢球（销）与互锁销组成（如图 2-48 所示）。在变速器盖前端三根拨叉轴之间的孔道中装有两个互锁钢球（一个互锁销），每根拨叉轴朝向互锁钢球的一侧面上都制有一个深度相等的凹槽。

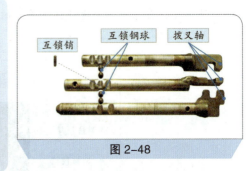

图 2-48

工作原理

当变速器处于空挡位置时，所有拨叉轴的侧面凹槽同钢球、互锁销都在同一直线上。在移动中间拨叉轴 3 时 [如图 2-49（a）所示]，拨叉轴 3 两侧的钢球从其侧面凹槽中被挤出，两侧面外钢球分别嵌入拨叉轴 1、5 的侧面凹槽中，将拨叉轴 1、5 锁止在空挡位置。若要移动拨叉轴 5，必须先将拨叉轴 3 退回至空挡位置，拨叉轴 5 移动时将轴凹槽内的钢球挤出，通过互锁销推动另一侧两个钢球移动，拨叉轴 1、3 均被锁止在空挡位置上 [如图 2-49（b）所示]。拨叉轴 1 工作情况与上述相同 [如图 2-49（c）所示]。从上述互锁装置工作情况可知，当一根拨叉轴移动时，其他两根拨叉轴均被锁止，即可防止同时换入两个挡。

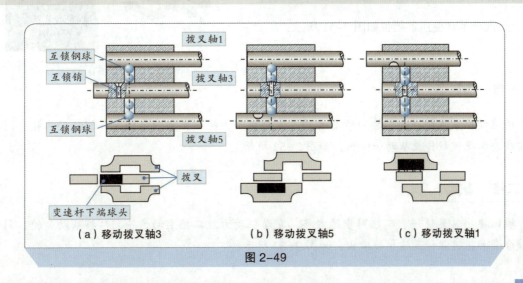

图 2-49

(3) 倒挡锁装置

倒挡锁装置的作用：防止汽车在前进中误挂倒挡而造成极大的冲击而使零件损坏，并防止汽车在起步时误挂倒挡而造成安全事故。

结构与原理

倒挡锁装置有弹簧锁销式、锁片式、扭簧式、锁簧式等多种形式，应用最多的是弹簧锁销式。如图2-50所示，当驾驶员想挂倒挡时，必须用较大的力使变速杆下端压缩倒挡锁弹簧，将锁销推入锁销孔内，才能使变速杆下端进入倒挡拨块的凹槽中进行换挡。由此可见，倒挡锁装置的作用是使驾驶员必须对变速杆施加更大的力，才能挂入倒挡，起到警示注意作用，以防误挂倒挡。

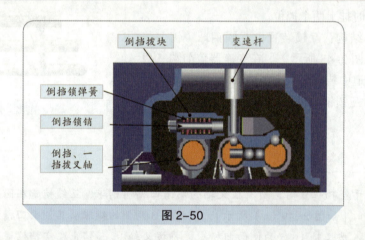

图2-50

四、普通变速器动力传递路径

1. 两轴式普通变速器动力传递路径

宝来汽车手动变速器挡位如图2-51所示：

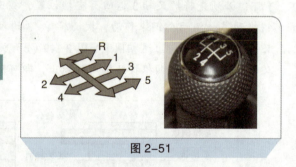

图2-51

一挡

操纵换挡装置使一、二挡同步器左移，发动机动力经一挡主动齿轮、一挡从动齿轮、同步器接合套和花键毂传至从动轴输出，如图2-52所示。

二挡

操纵换挡装置使一、二挡同步器右移，发动机动力经二挡主动齿轮、二挡从动齿轮、同步器接合套和花键毂传至输出轴输出，如图2-53所示。

任务三 手动变速器的构造与拆装

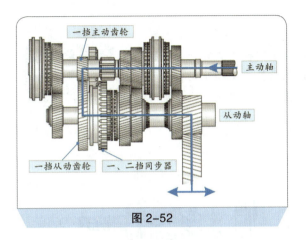

图 2-52

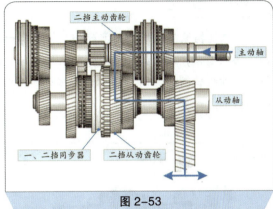

图 2-53

三挡

操纵换挡装置使三、四挡同步器左移,发动机动力经三挡主动齿轮、三挡从动齿轮、同步器接合套和花键毂传至输出轴输出,如图 2-54 所示。

四挡

操纵换挡装置使三、四挡同步器右移,发动机动力经四挡主动齿轮、四挡从动齿轮、同步器接合套和花键毂传至出轴输出,如图 2-55 所示。

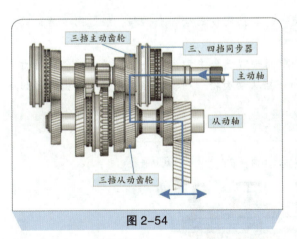

图 2-54

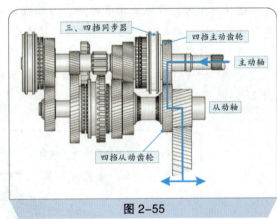

图 2-55

五挡

操纵换挡装置使五挡同步器右移,发动机动力经五挡主动齿轮、五挡从动齿轮、同步器接合套和花键毂传至输出轴输出,如图 2-56 所示。

33

倒挡

操纵换挡装置使倒挡轴上的倒挡齿轮移向与处于空挡位置的一、二挡同步器接合套外壳上的直齿轮啮合，发动机动力经倒挡主动齿轮、倒挡齿轮、倒挡从动齿轮及一、二挡同步器花键毂传至输出轴输出。因为相对于其他前进挡位多出一个传动齿轮，改变了转向，所以得到反向输出效果，如图2-57所示。

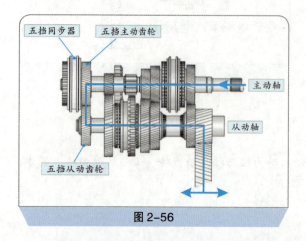

图 2-56

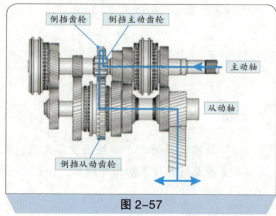

图 2-57

2. 三轴式普通变速器动力传递路径

 一挡

选择一挡时，操纵机构通过一、二挡拨叉使一、二挡同步器啮合套右移，经过同步后，同步器啮合套将一挡从动齿轮和同步器齿毂连为一体。

离合器传递的动力传递路径如下：输入轴→中间轴常啮合主动齿轮→中间轴常啮合从动齿轮→中间轴→中间轴上的一挡主动齿轮→输出轴一挡从动齿轮→一、二挡同步器→输出轴，如图2-58所示。

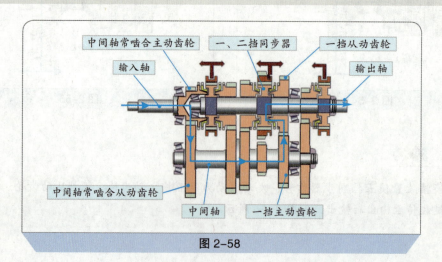

图 2-58

二挡

二挡的换挡原理与一挡相同，其动力传递路径如下：输入轴→中间轴常啮合主动齿轮→中间轴常啮合从动齿轮→中间轴→中间轴上的二挡主动齿轮→输出轴二挡从动齿轮→一、二挡同步器→输出轴，如图2-59所示。

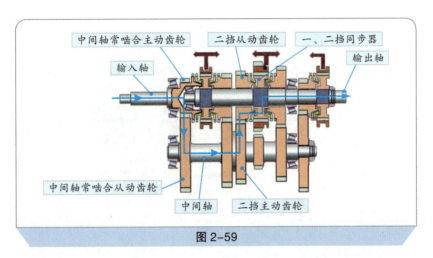

图 2-59

三挡

离合器传递的动力传递路径如下：输入轴→中间轴常啮合主动齿轮→中间轴常啮合从动齿轮→中间轴→中间轴上的三挡主动齿轮→输出轴三挡从动齿轮→三、四挡同步器→输出轴，如图2-60。

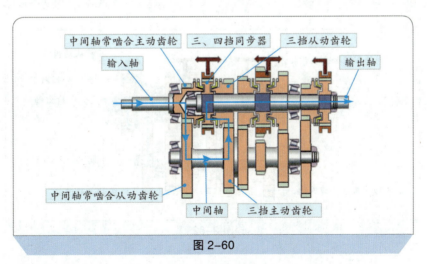

图 2-60

四挡

选择四挡时，三、四挡拨叉推动同步器啮合套项左移，推动四挡同步环与四挡齿轮锥面接触，两者达到同一转速后，啮合套在拨叉的作用下继续向左移动，将四挡同步环与四挡齿轮锁为一体。

动力通过主动轴四挡齿轮传递给三、四挡同步器啮合套，再传递给同步器齿毂，经同步器齿毂花键传递给输出轴，如图 2-61 所示。

输入轴动力直接传递给输出轴，输出轴以输入轴转速旋转，传动比是 1，没有减速增扭的效果，所以通常将四挡称为直接挡。

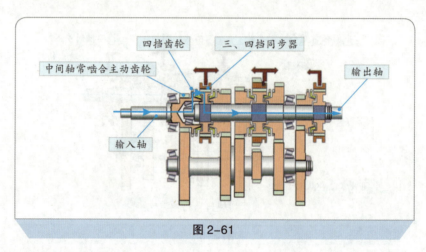

图 2-61

五挡

五挡主动齿轮与中间轴制为一体，从动齿轮与输出轴之间装有滚针轴承。

选择五挡时，离合器传递的动力传递路径如下：输入轴→中间轴常啮合主动齿轮→中间轴常啮合从动齿轮→中间轴→中间轴上的五挡主动齿轮→输出轴五挡从动齿轮→五挡同步器→输出轴，如图 2-62 所示。五挡的传动比小于 1，属于超速挡。

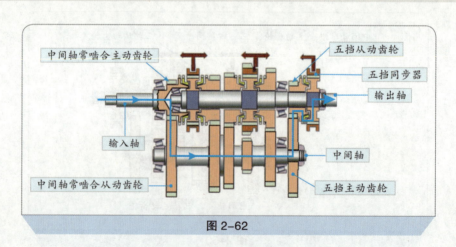

图 2-62

倒挡

倒挡时，需要输出轴转动方向与输入轴相反，在结构上，一般通过倒挡惰轮实现。倒挡惰轮空套在倒挡轴上，并可在操纵机构的作用下滑动。

变速器挂倒挡时，汽车必须处于静止状态，此时变速器不输出动力。拨叉推动倒挡惰轮与倒挡主、从动齿轮啮合，发动机动力经过与中间轴制为一体的倒挡主动齿轮传给倒挡惰轮，惰轮再将动力传给从动齿轮，然后经与输出轴用花键紧配合的一、二挡同步器齿毂将动力传递给输出轴，实现汽车倒挡，如图2-63所示。

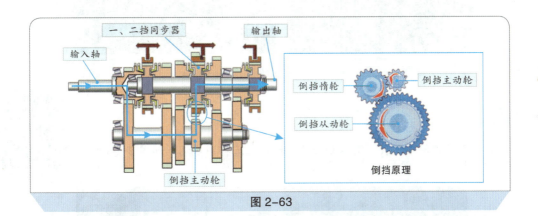

图 2-63

五、手动变速器的拆装

1. 手动变速器的拆卸

变速器分解　　分解与组装变速器

步骤 1

交替拆下变速器后端盖固定螺栓，取下后端盖，如图2-64所示。

图 2-64

步骤 2

拧下输入轴空心螺栓，取下五挡同步器接合套，如图2-65所示。

图 2-65

步骤 3

用工具拆下五挡同步器毂、输入轴五挡齿轮以及五挡同步环,如图 2-66 所示。

输入轴

图 2-66

步骤 4

拆下输出轴五挡齿轮锁止卡环,取下五挡齿轮,如图 2-67 所示。

输出轴

图 2-67

步骤 5

撬开驱动法兰盘端盖,取下锁止垫圈,取下驱动法兰盘,如图 2-68 所示。

图 2-68

 步骤 6

按步骤 5 方法取下另一驱动法兰盘及其部件，如图 2-69 所示。

图 2-69

 步骤 7

拆下换挡拨叉轴总成，如图 2-70 所示。

图 2-70

 步骤 8

取下变速器壳体固定螺栓，用橡胶锤轻敲壳体，取下变速器壳体，如图 2-71 所示。

课题二 汽车传动系统的构造与拆装

图 2-71

步骤 9

拆下倒挡换挡联动装置固定螺栓，取下倒挡换挡联动装置，如图 2-72 所示。

图 2-72

步骤 10

取出拨叉轴、五挡换挡拨叉，如图 2-73 所示。

图 2-73

步骤 11

取下倒挡、三四挡、一二挡拨叉，如图 2-74 所示。

图 2-74

步骤 12

用专用工具取下输入轴的球轴承、膨胀盘，如图 2-75 所示。

图 2-75

步骤 13

用工具取下输出轴四挡齿轮锁圈，取下四挡齿轮，如图 2-76 所示。

图 2-76

步骤 14

取下输出轴总成、倒挡惰轮，如图 2-77 所示。

图 2-77

步骤 15

取下输出轴三挡、二挡、一挡齿轮，如图 2-78 所示。

图 2-78

步骤 16

取下二挡齿轮滚针轴承内圈、同步环、弹簧圈等部件。

步骤 17

取下一二挡同步器组件、一挡齿轮。如图 2-79 所示。

图 2-79

步骤 18

拧下紧固螺栓，取出轴承盖和输出轴，如图 2-80 所示。

步骤 19

取出差速器,如图 2-81 所示。

图 2-80

图 2-81

2. 手动变速器的安装

变速器的安装

步骤 1

安装差速器,如图 2-82 所示。

步骤 2

为输出轴涂抹少许润滑油,将输出轴安装到离合器壳体上,如图 2-83 所示。

图 2-82

图 2-83

步骤 3

安装轴承盖,如图 2-84 所示。

图 2-84

课题二 汽车传动系统的构造与拆装

步骤 4

安装止推垫圈。涂抹少量润滑油，安装输出轴一挡齿轮滚针轴承，如图 2-85 所示。

图 2-85

步骤 5

安装输出轴一挡齿轮和同步环，如图 2-86 所示。

步骤 6

安装一二挡同步器组件、一挡齿轮，如图 2-87 所示。

图 2-86　　　　　　　　　　图 2-87

步骤 7

安装二挡齿轮滚针轴承内圈并在内圈上涂抹少许润滑油，如图 2-88 所示。

步骤 8

安装输出轴二挡齿轮滚针轴承，如图 2-89 所示。

图 2-88

任务三　手动变速器的构造与拆装

◆ 步骤 9

安装输出轴二挡齿轮，如图 2-90 所示。

图 2-89

图 2-90

◆ 步骤 10

安装输出轴三挡齿轮，并用专用工具将三挡齿轮锁环安装到位，如图 2-91 所示。

图 2-91

◆ 步骤 11

组合倒挡轴与倒挡从动齿轮，将倒挡轴总成安装至壳体上，如图 2-92 所示。

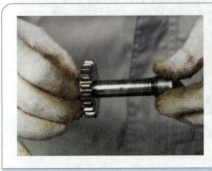

图 2-92

45

课题二 汽车传动系统的构造与拆装

步骤 12

为输入轴涂抹少许润滑油,将输入轴安装调整到位,如图 2-93 所示。

图 2-93

步骤 13

安装输出轴四挡齿轮,并将锁环锁止到位,如图 2-94 所示。

图 2-94

步骤 14

安装拨叉轴弹簧、一二挡换挡拨叉,如图 2-95 所示。

图 2-95

步骤 15

安装三四挡、倒挡和五挡换挡拨叉,如图 2-96 所示。

图 2-96

步骤 16

在拨叉轴上涂抹少许润滑油,将拨叉轴串接固定各个拨叉,如图 2-97 所示。

步骤 17

安装倒挡换挡联动装置,如图 2-98 所示。

图 2-97　　　　　　　　　　　图 2-98

步骤 18

在变速器壳体上涂上密封胶,安装变速器壳体(用橡胶锤轻敲变速器壳体,确保壳体安装到位),如图 2-99 所示。

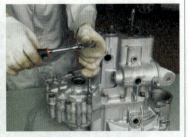

图 2-99

课题二 汽车传动系统的构造与拆装

步骤19

安装输出轴五挡从动齿轮并将止推垫圈、锁止卡环安装到位，如图2-100所示。

图 2-100

步骤20

安装五挡同步器毂、输入轴五挡齿轮以及五挡同步环，如图2-101所示。

步骤21

装上拨叉轴弹簧以及输入轴空心螺栓，如图2-102所示。

图 2-101　　　　　　　　　　　　图 2-102

步骤22

在变速器后端盖上打上密封胶，用橡胶锤轻敲后端盖，将后端盖安装到位，如图2-103所示。

图 2-103

步骤 23

安装倒挡齿轮轴的固定螺钉和拨叉轴总成,如图 2-104 所示。

图 2-104

步骤 24

安装驱动法兰,如图 2-105 所示。

注意

装配输入轴、输出轴时,注意轴承预紧力;装入变速器壳体时,注意接触面密封情况;装好变速器操纵机构后,操纵应轻便灵活,锁止机构能起作用。

图 2-105

课题二 汽车传动系统的构造与拆装

任务四　自动变速器的认识

一、自动变速器的基本组成

自动变速器的厂牌型号很多，外部形状和内部结构也有所不同，但它们的组成基本相同，都是由液力变矩器和齿轮式自动变速器组合起来的。常见的组成部分有液力变矩器、行星齿轮机构、离合器、制动器、油泵、滤清器、管道、控制阀体、速度调压器等，按照这些部件的功能，可将它们分成液力变矩器、变速齿轮机构、供油系统、自动换挡控制系统和换挡操纵机构五大部分，如图2-106所示。

1. 液力变矩器

液力变矩器位于自动变速器的最前端，安装在发动机的飞轮上，其作用与采用手动变速器的汽车中的离合器相似。它利用油液循环流动过程中动能的变化将发动机的动力传递到自动变速器的输入轴，并能根据汽车行驶阻力的变化，在一定范围内自动地、无级地改变传动比和转矩比，具有一定的减速增扭功能。

图2-106

2. 变速齿轮机构

自动变速器中的变速齿轮机构所采用的形式有普通齿轮式和行星齿轮式两种。普通齿轮式的变速器由于尺寸较大，最大传动比较小，只有少数车型采用。目前绝大多数轿车自动变速器中的齿轮变速器采用的是行星齿轮式变速器。

变速齿轮机构主要包括行星齿轮机构和换挡执行机构两部分。

行星齿轮机构是自动变速器的重要组成部分之一，主要由太阳轮(也称中心轮)、内齿圈、行星架和行星齿轮等元件组成。行星齿轮机构是实现变速的机构，速比的改变是通过以不同的元件做主动件和限制不同元件的运动而实现的。在速比改变的过程中，整个行星齿轮组还存在运动，动力传递没有中断，因而实现了动力换挡。

换挡执行机构主要用来改变行星齿轮中的主动元件或限制某个元件的运动，改变动力传递的方向和速比，主要由多片式离合器、制动器和单向超越离合器等组成。离合器的作用是把动力传给行星齿轮机构的某个元件使之成为主动件。制动器的作用是将行星齿轮机构中的某个元件抱住，使之不动。单向超越离合器也是行星齿轮变速器的换挡元件之一，其作用和多片式离合器及制动器基本相同，也用于固定或连接几个行星排中的某些太阳轮、行星架、齿圈等基本元件，让行星齿轮变速器组成不同传动比的挡位。

3. 供油系统

自动变速器的供油系统主要由油泵、油箱、滤清器、调压阀及管道所组成。油泵是自动变速器最重要的总成之一，通常安装在变矩器的后方，由变矩器壳后端的轴套驱动。在发动机运转时，不论汽车是否行驶，油泵都在运转，为自动变速器中的变矩器、换挡执行机构、自动换挡控制系统部分提供一定油压的液压油。油压的调节由调压阀来实现。

4. 自动换挡控制系统

自动换挡控制系统能根据发动机的负荷（节气门开度）和汽车的行驶速度，按照设定的换挡规律，自动地接通或切断某些换挡离合器和制动器的供油油路，使离合器接合或分开、制动器制动或释放，以改变齿轮变速器的传动比，从而实现自动换挡。

自动变速器的自动换挡控制系统有液压控制和电液压（电子）控制两种。

液压控制系统是由阀体和各种控制阀及油路所组成的，阀门和油路设置在一个板块内，称为阀体总成。

不同型号的自动变速器阀体总成的安装位置有所不同，有的安装于上部，有的安装于侧面，纵置的自动变速器一般安装于下部。

在液压控制系统中，增设控制某些液压油路的电磁阀，就成了电器控制的换挡控制系统，若这些电磁阀是由电子计算机控制的，则称为电子控制的换挡系统。

5. 换挡操纵机构

自动变速器的换挡操纵机构包括手动选择阀的操纵机构和节气门阀的操纵机构等。驾驶员通过自动变速器的操纵手柄改变阀板内的手动阀位置，控制系统根据手动阀的位置及节气门开度、车速、控制开关的状态等因素，利用液压自动控制原理或电子自动控制原理，按照一定的规律控制齿轮变速器中的换挡执行机构的工作，实现自动换挡。

二、自动变速器的分类

1. 自动变速器按变矩器的类型分类

按照液力变矩器的类型，自动变速器大致可分为普通液力变矩器式、综合液力变矩器式和带锁止离合器的液力变矩器式三种。普通液力变矩器是指由泵轮、涡轮和导轮三个元件组成的液力变矩器。综合液力变矩器是指在导轮与固定导轮的套管之间装有单向离合器的液力变矩器。新型轿车的自动变速器普遍采用带锁止离合器的液力变矩器。液力变矩器如图 2-107 所示。

课题二 汽车传动系统的构造与拆装

图 2-107

2. 自动变速器按内部换挡机构的不同分类

自动变速器按照内部换挡机构的不同可分为行星齿轮式自动变速器、平行轴式自动变速器和无级变速器三类。

（1）行星齿轮式自动变速器

行星齿轮机构

行星齿轮式自动变速器如图 2-108 所示。

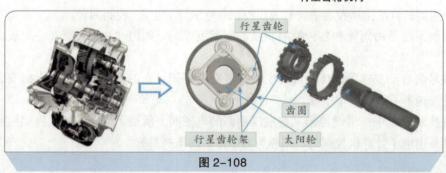

图 2-108

在行星齿轮式自动变速器中，最常见的组合形式有辛普森式行星齿轮和拉维娜式行星齿轮两种。

辛普森式行星齿轮

辛普森式行星齿轮机构是将两个单排单级行星齿轮机构组合起来形成的双排单级行星齿轮机构。其结构特点是：前后两个行星排的太阳轮连接为一个整体，称为共用太阳轮组件；前一个行星排的行星架和后一个行星排的齿圈连接为另一个整体，称为前行星架和后齿圈组件；输出轴通常与前行星架和后齿圈组件连接。典型的辛普森式自动变速器的结构如图 2-109 所示。

任务四　自动变速器的认识

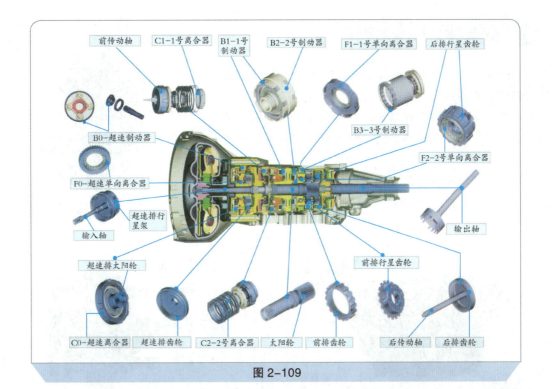

图 2-109

拉威挪式行星齿轮

拉威挪式行星齿轮机构将一个单排单级行星齿轮机构和一个单排双级行星齿轮机构按特定的方式组合起来：后太阳轮和长行星齿轮、行星架、齿圈共同组成一个单行星齿轮式行星排；前太阳轮、短行星排、长行星齿轮、行星架和齿圈共同组成一个双行星齿轮式行星排。两个行星排共用一个齿圈和一个行星架。典型的拉威挪式自动变速器的结构如图 2-110 所示。

拉威挪 P 挡

拉威挪倒挡

拉威挪一挡

拉威挪二挡

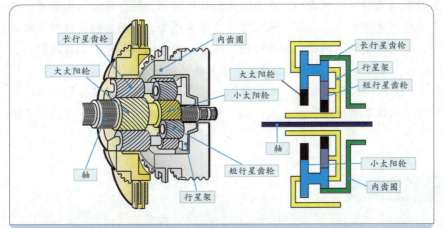

图 2-110

拉威挪三挡

拉威挪四挡

（2）平行轴式自动变速器

平行轴式自动变速器（如图2-111所示）与行星齿轮式自动变速器一样，由机械传动部分和电控液压部分组成。平行轴式自动变速器是由三根相互平行的轴，即输入轴、输出轴、中间轴组成，轴上分别安装着几对常啮合的齿轮。

平行轴式自动变速器又分二平行轴式（如图2-112所示）和三平行轴式（如图2-113所示）。

图2-111

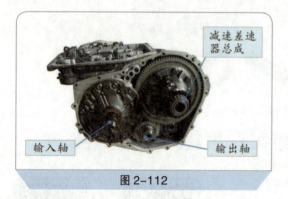

图2-112

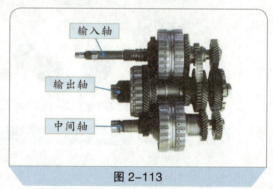

图2-113

平行轴式自动变速器的特点

平行轴式自动变速器的机械传动部分的最大特点是在变速器壳体上装着两或三根相互平行的轴，每根轴上都装着几个常啮合的齿轮，常啮合齿轮的动力传递是通过离合器完成的。

①输入轴（主轴）。输入轴通过轴上的花键与涡轮键配合，液力变矩器的涡轮旋转时，输入轴便旋转，它是自动变速器的动力输入元件，轴上键配合着主动轴惰轮，它与输出轴上的惰轮常啮合。

②输出轴（第二轴/副轴）。输出轴通过常啮合齿轮或通过主动轴驱动中间轴，再由中间轴通过常啮合齿轮把主动轴动力传递给输出轴，再由输出轴传递给驱动轮，该轴上套装着一个输入轴惰轮，它既与主动轴惰轮常啮合，又与中间轴上的惰轮常啮合，主动轴惰轮旋转，输出轴上的惰轮也一同旋转，于是便带动中间轴上的惰轮一同旋转，因中间轴与中间轴惰轮配合，于是中间轴便顺时针旋转。由此可知，只要主动轴旋转，中间轴便旋转。

③中间轴（辅助轴）。中间轴上花键配合一中间惰轮。只要发动机运转，该齿轮便通过与之常啮合的输出轴惰轮在主动惰轮的带动下做与主动轴旋转方向相同的旋转运动，于是带动中间轴旋转。

（3）无级变速器

轿车无级变速器最核心的部分是无级变速装置。无级变速装置由两个带轮和钢带组成，钢带套在两个带轮上。带轮由两块呈八字形的轮壁组成,两片轮壁中间的凹槽形成一个V形,其中一边的轮壁由液压控制机构操纵。工作时发动机输出轴输出的动力首先传递到无级变速器的主动轮,然后通过V形传动钢带传递到从动轮,最后经减速器、差速器传递给车轮来驱动汽车。工作时通过主动轮与从动轮的可动盘做轴向移动来改变主动轮、从动轮锥面与V形传动带之间的啮合工作半径,从而达到改变传动比的目的。两个带轮可以实现反向调节,即当其中一个带轮凹槽逐渐变宽时,另一个带轮凹槽就会逐渐变窄。由于主动轮和从动轮的工作半径可以实现连续调节,从而实现了无级变速功能。无级变速器结构如图2-114所示。

图 2-114

无级变速器原理

三、变速器的检修

1. 输出轴和轴承内座圈的检修

 步骤1

 自动变速器基本检查

 自动变速器拆装

分别用游标卡尺测量输出轴凸缘的厚度和内座圈外径,测量结果应在规定值内,如超过极限值,则予以更换,如图2-115和图2-116所示。

图 2-115

图 2-116

 步骤2

用外径千分尺检查各轴的轴颈,用百分表检查各轴的径向跳动,测量结果应在规定值内,如超过极限值,则予以更换,如图2-117和图2-118所示。

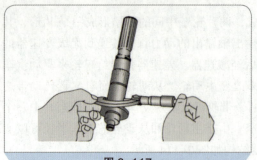

图 2-117

图 2-118

2. 操纵横杆的检修

步骤1

检查变速器横杆有无变形，在拨动外横杆时有无卡滞现象，横杆轴与锁紧螺栓及锁紧钢丝能否锁紧，否则应更换外横杆或钢丝。若外横杆变形，可校正修复。

步骤2

检查变速器外横杆轴与衬套磨损情况，如磨损严重，则应更换。

3. 变速叉的检查

变速叉的损坏现象是变速叉的弯曲和扭曲，变速叉上端导动块以及变速叉下端端面磨薄或成沟槽，从而影响齿轮正常齿合，导致"跳挡"故障。变速叉弯扭后，可用敲击法校正。导动块和端面磨损严重，应进行焊修或更换。变速叉轴弯曲、锁销、定位球磨损，定位弹簧变软和折断均会引起"跳挡"。

4. 各挡齿轮的检修

步骤1

采用目视法检查齿轮牙齿有无裂缝、打滑、齿面剥落、齿端毛刺或剥落现象。齿面有轻微斑点，或边缘有破损，在不影响质量的情况下可用油石修磨。

步骤2

用专用测量工具，如测隙规、百分表等工具测量同步环及各挡齿轮的游隙，如图2-119和图2-120所示。

图 2-119

图 2-120

步骤 3

检查同步器齿毂的花键部位和同步器滑块的滑槽是否损坏或磨损,如图 2-121 所示;把齿毂装配到齿套里,检查齿毂和齿套在上、下方向是否过松及齿毂、齿套是否歪斜,如图 2-122 所示。

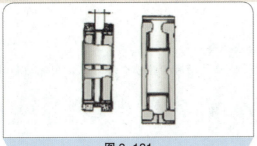

图 2-121

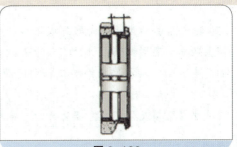

图 2-122

步骤 4

采用目视法及配合使用专用工具检查同步器滑块和同步器弹簧的磨损情况,是否在极限值范围,否则应更换,如图 2-123 所示。

步骤 5

用测隙规测量齿轮各部位的端隙是否符合要求,如超过极限值,应更换,如图 2-124 所示。

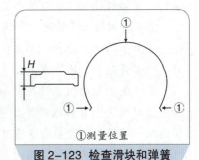

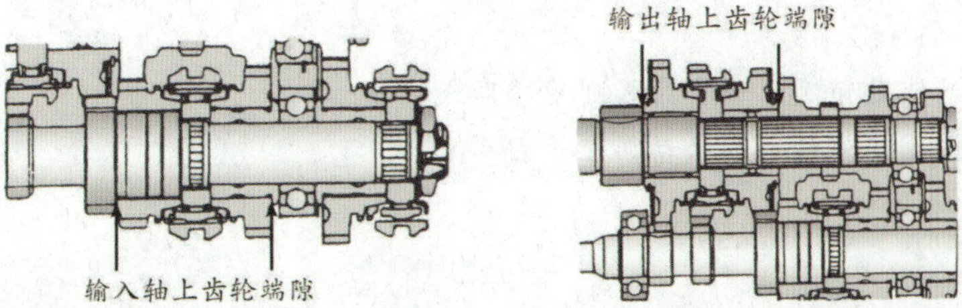

图 2-123 检查滑块和弹簧

图 2-124

四、变速器常见故障的检修

手动变速器常见的故障主要有跳挡、乱挡、挂挡困难、异响、漏油等。

1. 变速器跳挡故障

故障现象

汽车在行驶时，变速器变速杆自动跳回空挡位置，一般发生在中、高速或负荷突然变化（如加速、减速、爬坡等工况）以及剧烈振动时。

故障原因分析

①自锁装置的钢球或凹槽磨损严重，自锁弹簧疲劳致使弹力过软或折断等引起自锁装置失效。
②齿轮或齿套沿齿长方向磨损成锥形。
③操纵机构变形松旷，使齿轮未能全齿长啮合或啮合不足。
④变速器轴、轴承磨损松旷或轴向间隙过大，使轴转动时齿轮啮合不好，发生跳动和轴向窜动。
⑤同步器磨损或损坏，换挡叉弯曲，换挡杆磨损严重。

故障诊断与排除

先热车采用连续加、减速的方法逐挡进行路试，确知跳挡挡位；然后将变速杆挂入该跳挡挡位，发动机熄火，小心拆下变速器盖进行以下检查：
①查看齿轮啮合情况，如啮合良好，应检查变速器轴锁止机构。
②用手推动变速杆，如无阻力或阻力过小，说明自锁装置失效，应检查自锁钢球和变速叉轴上的凹槽是否磨损严重，自锁弹簧是否过软或折断，如是则更换。
③检查齿轮的啮合情况，如齿轮未完全啮合，用手推动跳挡的齿轮或齿套能正确啮合，应检查变速叉是否弯曲或磨损过甚，以及变速叉固定螺钉是否松动。若变速叉弯曲，应校正；如变速叉下端磨损与滑动齿轮槽过度松旷，应拆下修理。
④如变速机构良好，而齿轮或齿套又能正确啮合，则应检查齿轮是否磨损成锥形，如是则应更换。
⑤检查轴承和轴的磨损情况，如轴磨损严重、轴承松旷或变速轴沿轴向窜动，应拆下修理或更换。
⑥检查同步器工作情况，如有故障则应修理或更换。
⑦检查变速器固定螺栓，如松动则应紧固。

2. 变速器乱挡故障

故障现象

在离合器技术状况正常的情况下，变速器同时挂上两个挡，或挂需要挡位时，结果挂入别的挡位。

故障原因分析

①互锁装置失效：如拨叉轴、互锁销或互锁钢球磨损过大等。
②变速杆下端弧形工作面磨损过大或拨叉轴上拨块的凹槽磨损过大。
③变速杆球头定位销折断或球孔、球头磨损过于松旷。
总之，乱挡的主要原因是变速器操纵机构失效。

故障诊断与排除

①挂需要挡位时，结果挂入了别的挡位：摇动变速杆，检查其摆转角度，若超出正常范围，则故障由变速杆下端球头定位销与定位槽配合松旷或球头、球孔磨损过大引起。若变速杆摆转360°，则为定位销折断。
②如摆转角度正常，仍挂不上挡或摘不下挡，则故障由变速杆下端从凹槽中脱出引起（脱出的原因是下端弧形工作面磨损或导槽磨损）。
③同时挂入两个挡，则故障由互锁装置失效引起。

任务五　驱动桥的构造与拆装

一、驱动桥的组成与作用

1. 驱动桥的作用

驱动桥的主要作用是将万向传动装置传来的发动机转矩经减速、增扭并改变旋转方向后传到左、右驱动轮，使左、右驱动轮以相同的转速直线行驶或以不同的转速转弯行驶。

2. 驱动桥的组成和分类

驱动桥由主减速器、差速器、半轴、万向传动装置（万向节和传动轴）、驱动桥壳（或变速器壳体）和驱动车轮等几部分组成，如图2-125所示。

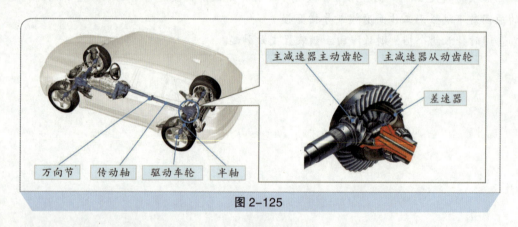

图 2-125

驱动桥按结构形式一般可分为非断开式和断开式两种。

（1）非断开式驱动桥

非断开式驱动桥（如图2-126所示）也称整体式驱动桥。当车轮采用非独立悬架时，驱动桥采用非断开式。非断开式驱动桥的驱动桥壳由中间的主减速器壳体和两边与之刚性连接的半轴套管组成，通过悬架与车身或车架相连。两侧车轮安装在此刚性桥壳上，半轴与车轮不可能在横向

图 2-126

平面内做相对运动。当某一侧车轮通过地面的凸出物或凹坑升高或下降时，整个驱动桥及车身都要随之发生倾斜，车身波动大。

（2）断开式驱动桥

断开式驱动桥如图 2-127 所示。当驱动轮采用独立悬架时，两侧的驱动轮分别通过弹性悬架与车架相连，两车轮可彼此独立地相对于车架上下跳动。与此相对应，主减速器壳固定在车架上，半轴与传动轴通过万向节铰接，传动轴又通过万向节与驱动轮铰接。

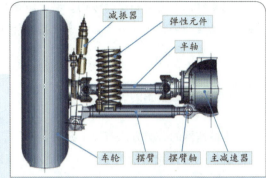

图 2-127

二、驱动桥的构造

1. 主减速器

主减速器、差速器概述

主减速器

（1）主减速器的作用

主减速器的作用是：将万向传动装置传来的发动机转矩传给差速器；在动力的传动过程中要将转矩增大并相应降低转速；对于纵置发动机，还要将转矩的旋转方向改变 90°。

（2）主减速器的结构

主减速器由一对大小啮合斜齿轮构成，小齿轮与输出轴制成一体，大齿轮由铆钉与差速器的外壳连在一起，如图 2-128 所示。

图 2-128

主减速器的工作原理是：它是依靠齿数少的齿轮带动齿数多的齿轮来实现减速的，采用锥齿轮传动则可以改变转矩旋转方向。将主减速器布置在动力向驱动轮分流之前的位置，有利于减小其前面的传动部件（如离合器、变速器、传动轴等）所传递的转矩，从而减小这些部件的尺寸和质量。

（3）主减速器的分类

主减速器的分类方法有以下几种。

①按减速齿轮副结构形式分：分为圆柱齿轮式、锥齿轮式和准双曲面齿轮式等形式，如图 2-129 所示。

②按参加减速传动的齿轮副数目分：分为单级式主减速器和双级式主减速器。

③按主减速器传动比挡数分：分为单速式和双速式两种。

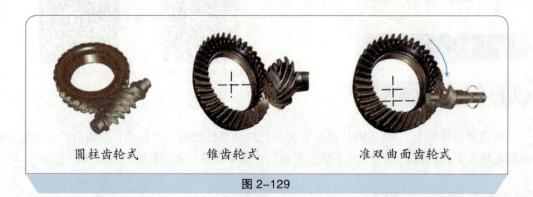

图 2-129

2. 差速器

差速器

（1）差速器的作用

差速器（如图 2-130 所示）的作用是将主减速器传来的动力传给左、右两半轴，并在必要时允许左、右半轴以不同转速旋转，使左、右驱动车轮相对地面纯滚动而不是滑动。

车辆直线行驶时，两侧车轮的行驶距离是完全相同的，并无转速差异。但在转弯时，如果继续保持这种行驶状态，将会对车辆造成严重的损伤，并且无法顺利通过弯道。从汽车转向时驱动轮的运动示意图（如图 2-131 所示）可以看出，转向时外侧车轮滚过的路程长，内侧车轮滚过的路程短，由于通过的时间相等，要求外侧车轮转速快于内侧车轮，即希望内、外侧车轮转速不同。差速器的出现巧妙地解决了这一问题，它安装于两侧驱动轮之间，并与传动轴相连接，发动机输出的动力通过它传递给两侧驱动轮。当车辆转弯时，差速器可以自动调节两侧车轮的转速，从而使车辆平稳前进。

图 2-130

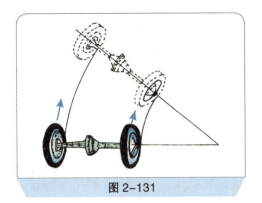

图 2-131

（2）差速器的结构

差速器按照差速器的工作特性可以分为普通齿轮式差速器和防滑式差速器。普通差速器使汽车在通过坏路的行驶能力受到限制，例如，当一个驱动车轮接触到泥泞或冰雪路面时，即使另一驱动车轮是在附着力较好路面上，汽车往往也不能行驶，这是由转矩平均分配的特点决定的。因此为了提高汽车的通过能力，某些越野汽车、高级轿车和轻型汽车上装用了防滑式差速器。常见的防滑式差速器有强制锁止式和自锁式，其中自锁式差速器有摩擦自锁差速器、托森差速器和凸轮滑块式差速器等。下面对其中几种差速器进行介绍。

① 普通齿轮式差速器

普通齿轮式差速器有锥齿轮式和圆柱齿轮式两种。其中行星锥齿轮差速器在普通差速器中应用最广泛。

图 2-132 所示为四行星齿轮差速器，它主要由四个锥行星齿轮、十字轴、两个圆锥半轴齿轮和差速器壳等组成。

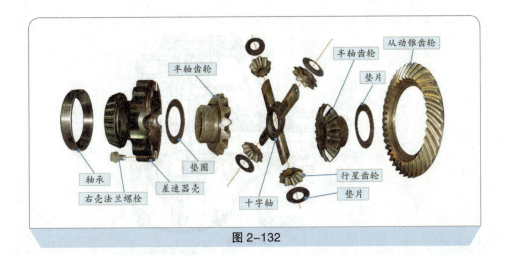

图 2-132

图2-133所示为两行星齿轮差速器,适用于传递的转矩较小的、中型以下的货车或轿车上。

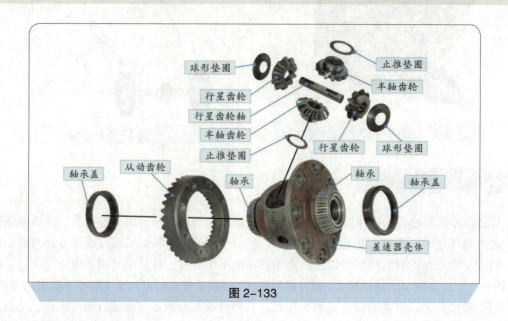

图 2-133

② 强制锁止差速器

强制锁止差速器就是在行星锥齿轮差速器上装设了一个差速锁。当需要时,由驾驶员操纵差速锁,使差速器不起差速作用,相当于把左、右两半轴连成一整体,破坏了差速器平分转矩的特性,达到所需要的行驶要求。

图2-134所示为斯堪尼亚LT110型汽车强制锁止差速器。外接合器与半轴通过花键相连,内接合器与差速器壳体通过花键相连。当内、外接合器相互接合时,将半轴齿轮与差速器壳体连为一体,差速器失去差速功能,转矩全部分配给不打滑的车轮。

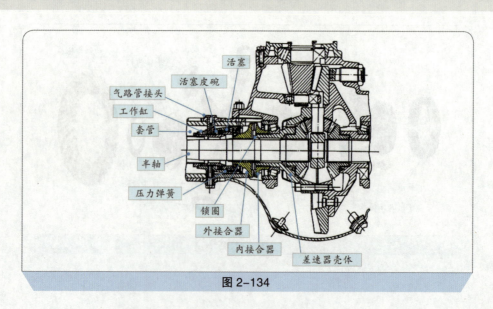

图 2-134

③ 摩擦自锁差速器

图2-135所示为摩擦自锁差速器。它是在普通行星锥齿轮差速器的基础上发展而成的。它在两半轴齿轮背面与差速器壳之间各装有一套摩擦式离合器，以增加差速器内摩擦力矩。摩擦式离合器由推力压盘、主动摩擦片、从动摩擦片组成。推力压盘上的内花键与半轴相连，而其上的外花键与从动摩擦片的内花键连接。主动摩擦片的外花键与差速器壳的内花键连接。推力压盘及主、从动摩擦片均可做微小的轴向移动。十字轴由两根互相垂直的行星齿轮轴组成，其端部均切有凸V形斜面，差速器壳上与之相配合的孔稍大于轴，且也有凹V形斜面。两根行星齿轮轴的V形面是反向安装的。

当汽车直线行驶，两半轴转速相等时，转矩平均分配给两半轴。由于差速器通过V形斜面驱动行星齿轮轴，便使两行星齿轮轴分别向左、右通过行星齿轮使压盘压紧摩擦片。此时转矩是经两路传给半轴的：一路经齿轮传动，即经行星齿轮和半轴齿轮；另一路经摩擦传动，即摩擦片和压盘。

当汽车一侧驱动车轮在泥泞路面上打滑时，两半轴转速不等，即一侧高于差速器壳转速，一侧低于差速器壳转速。于是，经摩擦传给左、右两半轴的转矩方向相反，快转一侧转矩与半轴的旋转方向相反，从而减小了对其分配的转矩，慢转一侧与半轴的旋转方向相同，从而加大了对其分配的转矩，即慢转比快转车轮分配转矩加大。

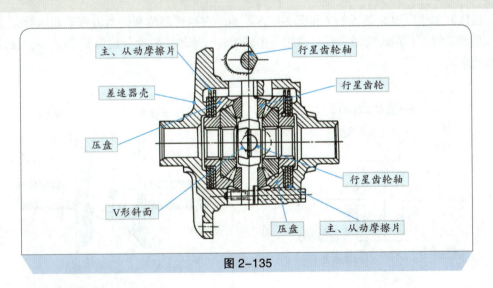

图2-135

④ 托森差速器

图2-136所示为奥迪A4、奥迪TT等全轮驱动轿车前、后驱动桥之间采用的新型托森差速器。它是一种轴间自锁差速器，装在变速器后端。转矩由变速器输出轴传给托森差速器，再由差速器直接分配给前驱动桥和后驱动桥。

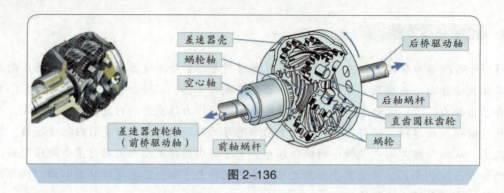

图 2-136

当前、后桥驱动轴无转速差时,蜗轮绕自身轴自转。各蜗轮、蜗杆与差速器壳一体等速转动,即差速器不起差速作用。

当前、后驱动桥需要有转速差时,例如,汽车转弯时,因前轮转弯半径大,故要求差速器起差速作用。此时蜗轮除公转传递动力外,还要自转。直齿圆柱齿轮的相互啮合,使前、后蜗轮的自转方向相反从而使前轴蜗杆轴的转速增加,后轴蜗杆轴的转速减小,实现了差速。

(3) 差速器的工作原理

差速器的工作原理如图 2-137 和图 2-138 所示。主减速器传来的动力带动差速器壳(转速为 n_0)转动,经过行星齿轮轴、行星齿轮、半轴齿轮、半轴(转速分别为 n_1 和 n_2),最后传给两侧驱动车轮。

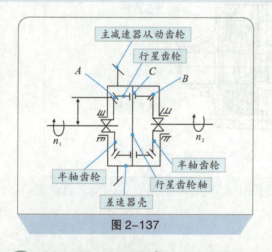

图 2-137

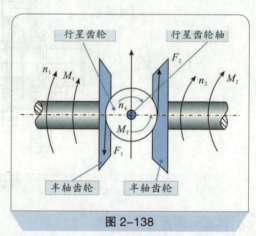

图 2-138

① 汽车直线行驶时

汽车直线行驶时,两侧驱动车轮所受到的地面阻力相同,并经半轴、半轴齿轮反作用于行星齿轮两啮合点 A 和 B(如图 2-137 所示)。这时行星齿轮相当于等臂杠杆,即行星齿轮不自转,只随差速器壳和行星齿轮轴一起公转,两半轴无转速差,即 $n_1 = n_2 = n_0$, $n_1 + n_2 = 2n_0$。

同样,由于行星齿轮相当于等臂杠杆,主减速器传动差速器壳体上的转矩 M_0 等分给两半轴齿轮(半轴),即 $M_1 = M_2 = M_0/2$。

② 汽车转向行驶时

汽车转向行驶时，两侧驱动车轮所受到的地面阻力不同。如果车辆右转，右侧（内侧）驱动车轮所受的阻力大，左侧（外侧）驱动车轮所受的阻力小。这两个阻力经半轴、半轴齿轮反作用于行星齿轮两啮合点 A 和 B（如图 2-137 所示），使行星齿轮除了随差速器壳公转外还顺时针自转。设自转转速为 n_4，则左半轴齿轮的转速增加，右半轴齿轮的转速降低，且左半轴齿轮增加的转速等于右半轴齿轮降低的转速，即汽车右转时，左侧（外侧）车轮转得快，右侧（内侧）车轮转得慢，实现纯滚动。此时依然有 $n_1 + n_2 = 2n_0$。

由于行星齿轮的自转，行星齿轮孔与行星齿轮轴轴径间以及齿轮背部与差速器壳体之间都产生摩擦。行星齿轮所受的摩擦力矩 M_T 方向与其自转方向相反，并传到左、右半轴齿轮，使转得快的左半轴的转矩减小，使转得慢的右半轴的转矩增加。所以，当左、右驱动车轮存在转速差时，$M_1 = M_2 = M_0/2$。

3. 半轴与桥壳

（1）半轴

半轴的作用是将差速器传来的动力传给驱动轮。因其传递的转矩较大，半轴常制成实心轴。半轴的内侧通过花键与半轴齿轮相连，外侧用凸缘与驱动轮的轮毂相连。半轴的结构如图 2-139 所示。

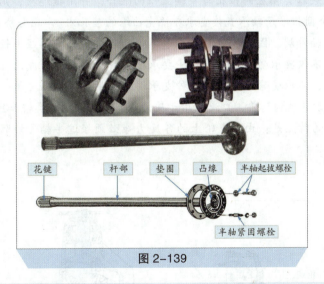

图 2-139

现代汽车常采用全浮式半轴支承和半浮式半轴支承两种形式。

① 全浮式半轴支承

全浮式半轴

全浮式半轴支承广泛应用于各种类型载货汽车上。图 2-140 所示为全浮式半轴支承结构图，半轴外端锻出凸缘，借助螺栓和轮毂连接。轮毂通过两个相距较远的圆锥滚子轴承支承在半轴套管上。半轴套管与驱动桥壳压配一体,组成驱动桥壳总成。采用这样的支承形式,半轴与桥壳没有直接联系。它易于拆装,只需拧下半轴凸缘上的螺钉,即可将半轴从半轴套管中抽出。

全浮式半轴支承的特点是:半轴只传递转矩,两端均不承受任何反力和弯矩。

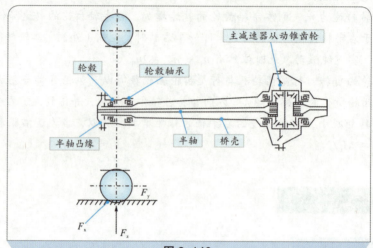

图 2-140

② 半浮式半轴支承

图 2-141 为半浮式半轴支承结构图。半轴外端制成锥形,锥面上铣有键槽,最外端制有螺纹。轮毂以其相应的锥孔与半轴上锥面配合,并用键连接,用锁紧螺母紧固。半轴用一个圆锥滚子轴承直接支承在桥壳凸缘的座孔内。车轮与桥壳之间无直接联系,而支承于悬伸出的半轴外端。因此,地面作用于车轮的各种反力都须经半轴外端的悬伸部分传给桥壳,使半轴外端不仅要承受转矩,而且还要承受各种反力及其形成的弯矩。半轴内端通过花键与半轴齿轮连接,不承受弯矩。故称这种支承形式为半浮式半轴支承。半浮式支承半轴又称为半浮式半轴。由于它结构简单,广泛应用于反力和弯矩较小的各类轿车上。

半浮式半轴支承的特点是:由于车轮上的各反力矩必须经过半轴传给驱动桥壳,半轴外端承受全部弯矩。

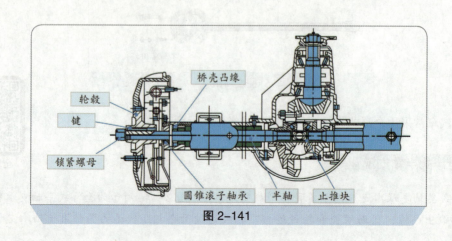

图 2-141

（2）桥壳

① 桥壳的作用

驱动桥壳的作用是：支承并保护主减速器、差速器和半轴等；同从动桥一起支承车架及其上的各总成质量；汽车行驶时，承受由车轮传来的路面反作用力和力矩，并经悬架传给车架。

由于桥壳承受较复杂的载荷，因此要求桥壳（如图2-142所示）应具有足够的强度和刚度，质量小，还要便于主减速器的拆装和调整。

② 桥壳的分类

驱动桥壳从结构上可分为整体式桥壳和分段式桥壳两类。

图2-142

▶ 整体式桥壳

桥壳与主减速器壳分开制造，二者用螺栓连接在一起，如图2-143所示。为增加强度和刚度，两端压入无缝钢管制成的半轴套管。

特点：强度、刚度较大，且检查、拆装和调整主减速器、差速器方便，它广泛应用于轿车和轻型货车。

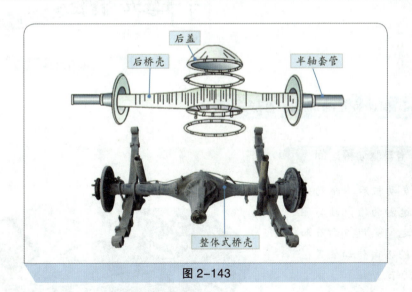

图2-143

▶ 分段式桥壳

分段式桥壳与主减速器壳铸成一体，且一般分为两段，由螺栓连成一体，如图2-144所示。

特点：易于铸造，加工方便，但维护不便，当拆检主减速器时，必须把整个驱动桥从汽车上拆卸下来，目前已很少采用。

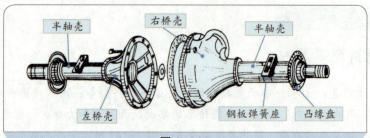

图 2-144

4. 万向传动装置

（1）万向传动装置的组成与作用

万向传动装置的作用是能在汽车上任何一对轴间夹角和相对位置经常发生变化的转轴之间传递动力。它一般由万向节和传动轴等组成。但部分汽车的发动机与驱动桥之间的距离较远，需将传动轴分为两段，在其中部必须加装中间支承（如图2-145所示）。

万向传动装置概述

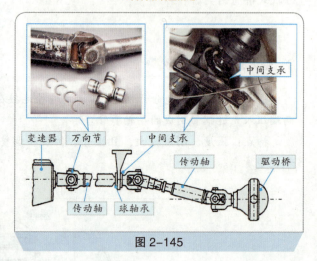

图 2-145

（2）万向传动装置的常见布置形式

① 变速器与驱动桥之间

在前置发动机后轮驱动的汽车上，变速器的输出轴与驱动桥输入轴之间采用万向节和传动轴组成的万向传动装置，如图2-146所示。

图 2-146

② 变速器与分动器、分动器与驱动桥之间

在多轴传动的汽车上，在变速器与分动器之间、分动器与各驱动桥之间或驱动桥与驱动桥之间也需用万向传动装置传递动力，如图 2-147 所示。

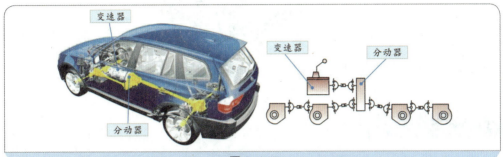

图 2-147

③ 转向驱动桥的内、外半轴之间

在前置发动机的前轮驱动的汽车中，转向驱动桥的前轮既是转向轮，也是驱动轮，因此前轮在偏转时传递动力。对于非独立悬架的转向驱动桥，一般将一侧半轴分为内、外两段半轴，内外侧由万向节连接，形成万向传动装置，如图 2-148 所示。

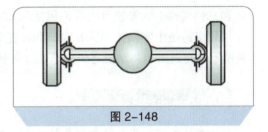

图 2-148

④ 断开式驱动桥的半轴之间

在与独立悬架配合使用的断开式驱动桥中，由于左、右驱动轮存在相对跳动，则在差速器与车轮之间装有万向传动装置，如图 2-149 所示。

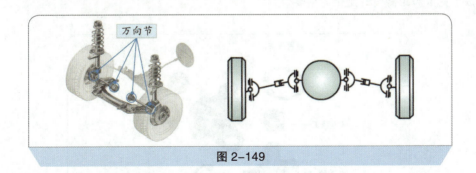

图 2-149

⑤ 转向机构中的转向轴与转向器之间

有些汽车的转向操纵机构，由于受整体布置的限制，转向盘轴线与转向器输入轴轴线不能重合，也常设置万向传动装置，如图 2-150 所示。

图 2-150

（3）万向节

万向节是实现变角度动力传递的机件，用于需要改变传动轴线方向的位置。按其刚度大小，万向节可分为刚性万向节和挠性万向节。

刚性万向节按其速度特性分为不等速万向节（常用的为十字轴式）、准等速万向节（双联式和三销轴式）和等速万向节（包括球叉式、球笼式、自由三枢轴式万向节）。目前在汽车上应用较多的是十字轴式刚性万向节和等速万向节。十字轴式刚性万向节主要用于发动机前置后轮驱动的变速器与驱动桥之间，等速万向节主要用于发动机前置前轮驱动的内、外半轴之间。

① 十字轴式万向节

十字轴式万向节允许相邻两轴的最大交角为15°～20°，在汽车上应用最广。

普通十字轴刚性万向节

图2-151所示为十字轴式刚性万向节。它主要由万向节叉、十字轴及轴承座圈等组成。两个万向节叉分别与主、从动轴相连，其叉形上的孔分别套在十字轴的四个轴颈上。这样当主动轴转动时，从动轴既可随之转动，又可绕十字轴中心在任意方向摆动，这样就适应了夹角和距离同时变化的需要。

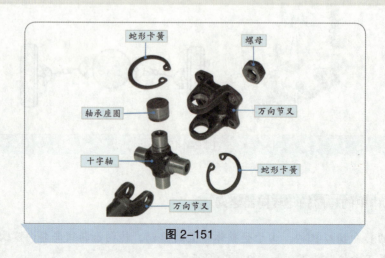

图 2-151

② 球叉式万向节

球叉式万向节允许轴间最大交角为32°~33°。其构造如图2-152所示，由主动叉、从动叉、四个传动钢球、定心钢球、定位销及锁止销组成。其主、从动叉分别与内、外半轴制成一体，叉内各有四条曲面凹槽，装合后形成两条相交的环形槽，作为钢球的滚道，四个传动钢球装于槽中，定心钢球装在两叉中心凹槽内，以确定中心。

球叉式万向节通常用于中小型越野汽车转向驱动桥。

③ 球笼式万向节

其构造如图2-153所示。它主要由星形套、保持架、球形壳及钢球等组成。星形套通过花键与中段半轴相连。星形套的外表面有六条曲面凹槽，形成内滚道。球形壳与带外花键的外半轴制成一体，内表面制有相应的六条曲面凹槽，形成外滚道。六个钢球分别装于六条凹槽中，并用球笼使之保持在一个平面内。

球笼式万向节

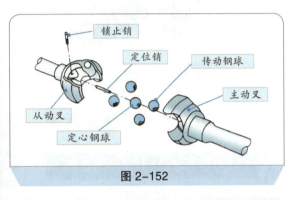
图2-152

动力由中段半轴传至星形套，经六个钢球、球形壳输出。当中段半轴（主动轴）和球形壳轴（从动轴）之间的夹角发生变化时，传力钢球中心始终位于两轴交角的平分面上，并且到两轴线的距离相等，从而保证了主、从动轴以相等的角速度旋转。

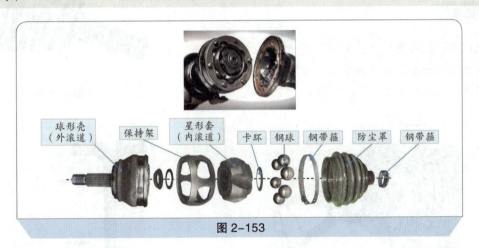
图2-153

④ 自由三枢轴式万向节

其结构如图2-154所示。三个枢轴在同一平面内成120°，它们的轴线垂直于传动轴并且与传动轴轴线交于同一点。

当输出轴与输入轴交角为0°时，由于三枢轴的自动定心作用，能自动使两轴轴线重合。当输出轴与输入轴交角不为0°时，滚子轴承既可沿枢轴轴线移动，又可沿槽形轨道滑动，这样就保证了输入轴和输出轴之间始终可以传递力。因滚动轴承外表面为球面，与之配合的轨道为圆柱面，所以可以保证枢轴轴线与相应槽形轨道的轴线始终相交，并且自由三枢轴式万向节是等速传动的，现代伊兰特轿车、本田雅阁轿车万向传动装置采用的就是自由三枢轴式万向节。

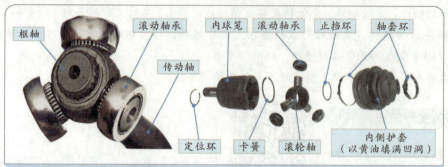

图 2-154

三、万向传动装置的拆装

1. 万向节的拆卸

步骤1

用工具撬开原装卡箍，拆下防尘罩，如图 2-155 所示。

步骤2

万向节内、外圈解体：先拆弹簧卡圈，如图 2-156 所示；再用木槌敲打外万向节使之从传动轴上卸下，然后用专用工具压出内万向节，如图 2-157 所示。

图 2-155

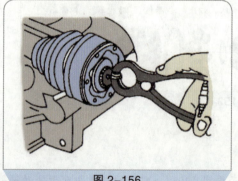

图 2-156

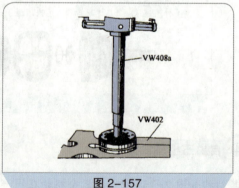

图 2-157

步骤3

外等速万向节解体：分解前，在钢球球笼和球形壳上标出星形套位置，然后转动星形套与球笼，依次取出钢球，如图 2-158（a）所示；用力转动球笼使两个方孔与球形壳对上 [如

图2-158（b）箭头所示]，将星形套、球笼一起拆下；将星形套上扇形齿旋入球笼的方孔，然后从球笼中取出星形套，如图[2-158（c）]示。

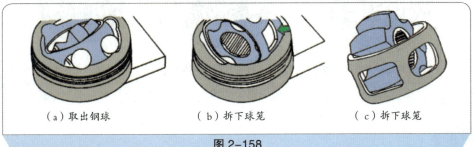

（a）取出钢球　　　　（b）拆下球笼　　　　（c）拆下球笼

图2-158

步骤4

内等速万向节解体：转动球笼和星形套，按垂直向前的方向压出球笼里的钢球，如图2-159中箭头所示；从球槽上面取出球笼中的星形套。

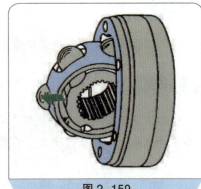

图2-159

注意

因星形套与球形壳体是选配的，拆卸时注意将星形套与壳体成对放置，不允许互换。

2. 万向节的安装

球笼式万向节安装

步骤1

外等速万向节的安装：清洗各部件，将润滑脂注入万向节内，将球笼连同星形套一起装入球形壳体；对角交替地压入钢球，必须保持星形套在球笼及球形壳的原先位置；将弹簧挡圈装入星形套，并将剩余的润滑脂压入万向节。

步骤2

内等速万向节的安装：对准凹槽，将星形套嵌入球笼，再将钢球压入球笼，并注入润滑脂90g。将带钢球的球笼垂直装入球形壳，如图2-160（a）所示。装配时，注意球形壳上的宽间隙a应对准星形套上的窄间隙b，转动球笼以便嵌入到位；转动星形套，星形套就能转出球笼，如图2-160（b）所示。安装时应保证球形壳体中的球槽有足够间隙。用力掀压球笼，如图2-160（c）中箭头所示，使装有钢球的球笼完全转入球形壳。最后检查如果用手能将星形套在轴向范围内来回灵活推动，则表明装配正确。

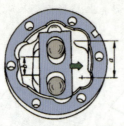 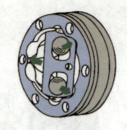 

（a）将球笼垂直装入球形壳　　（b）将星形套转出球笼　　（c）使球笼完全转入球形壳

图 2-160

> **步骤 3**

碟形座圈的安装：将碟形座圈装在传动轴带齿端配合位置上。

> **步骤 4**

内万向节的安装：安装弹簧卡圈，装上内万向节。

> **步骤 5**

防尘罩的安装：万向节防尘罩受到挤压后内部将产生真空，所以安装防尘罩小口径后，要稍微充点气，使其压力平衡，不产生皱褶。

四、半轴的拆装

1. 半轴的拆卸

半轴总成拆卸

> **步骤 1**

升起并支撑好汽车。

> **步骤 2**

卸下车轮和轮胎。

> **步骤 3**

卸下制动鼓。

> **步骤 4**

清除桥壳盖周围的外来杂物。

任务五　驱动桥的构造与拆装

步骤 5

松开桥壳盖螺栓并放出桥壳内的润滑油，卸下桥壳盖。

步骤 6

转动差速器壳，露出行星齿轮轴的锁紧螺钉，从差速器壳上卸下锁紧螺钉和行星齿轮轴，如图 2-161 所示。

步骤 7

向汽车中心推半轴，从半轴上卸下半轴 C 形卡圈，如图 2-162 所示。

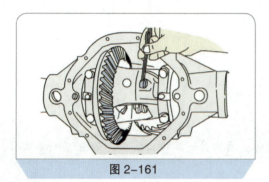

图 2-161

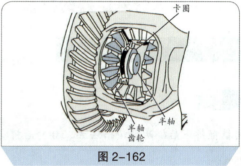

图 2-162

步骤 8

卸下半轴，注意不要损坏半轴轴承，轴承应留在半轴套管内。

2. 半轴的安装

步骤 1

润滑轴承孔和油封唇口，插入半轴使花键和半轴齿轮相啮合。注意防止半轴花键损坏半轴油封唇口。

步骤 2

将卡圈插入凹槽内如图 2-162 所示，将半轴向外推，使卡圈就位。

步骤 3

将行星齿轮轴插入差速器壳，通过止推垫片和行星齿轮轴装配，使轴上的孔和锁紧螺钉孔对正。拧上涂有乐太胶的锁紧螺钉，螺钉拧紧力矩为 11N·m。

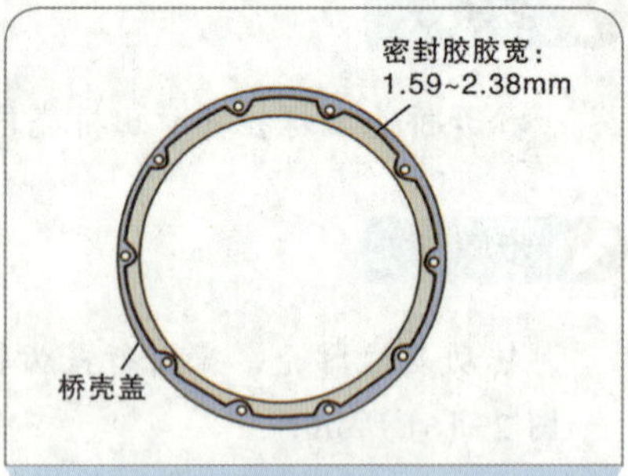

课题二 汽车传动系统的构造与拆装

步骤 4

清洗桥壳盖并涂上一层密封胶,如图 2-163 所示。

步骤 5

装上制动鼓、车轮及轮胎。

步骤 6

调整支座使汽车处于水平位置,卸下加油螺塞,加注润滑油,然后装上加油螺塞。

图 2-163

五、主减速器差速器的拆装

1. 主减速器差速器拆卸

步骤 1

用撬棍拆下后桥两端输出法兰,翻转后桥壳体,撬出另一端输出法兰,如图 2-164 所示。

注意

两端输出法兰拆出后,应注意对比长度是否一致,如果不一致,应做好标记。

图 2-164

步骤 2

旋出紧固螺栓,拆下后桥壳体后盖,如图 2-165 所示。

步骤 3

拆下差速器瓦盖前,应在瓦盖和壳体同一侧做上记号,安装时两边瓦盖不能互换,如图 2-166 所示。

任务五　驱动桥的构造与拆装

图 2-165

图 2-166

● 步骤 4

从后桥壳体内取出差速器总成，如图 2-167 所示。

● 步骤 5

拧下输入法兰螺母，取出垫圈、油封、输入法兰，如图 2-168 所示。

图 2-167　拆卸差速器总成

图 2-168

● 步骤 6

从后桥壳体内取下主减速器主动齿轮轴，如图 2-169 所示。

● 步骤 7

松开锁片，拧下紧固螺栓，取下主减速器从动齿圈，如图 2-170 所示。

图 2-169

图 2-170

课题二 汽车传动系统的构造与拆装

步骤 8

用铜棒敲出行星齿轮轴销,如图 2-171 所示。

步骤 9

取下行星齿轮轴,如图 2-172 所示。

图 2-171

图 2-172

步骤 10

转动齿轮,取出行星齿轮、垫片、半轴齿轮,如图 2-173 所示。

图 2-173

2. 主减速器差速器的安装

按拆卸过程的相反顺序安装。

六、驱动桥的检修

1. 差速器的检修

驱动桥的检修方法

步骤 1

检验齿圈与主动锥齿轮的间隙:用百分表在环齿上进行间隙调整,如图 2-174 所示。把百分表调零,前后拨动环齿检查间隙,注意百分表所示的间隔(间隙)量。如间隙大于制造商容许量,放松右侧螺母 1 个凹口,旋紧左侧螺母 1 个凹口;如间隙小于容许最小量,放松左侧螺母 1 个凹口,旋紧右侧螺母 1 个凹口。调整螺母位于轴承盖旁边。

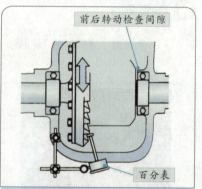

图 2-174

步骤 2

检测差速器壳内半轴齿轮与行星齿轮之间的间隙：用百分表检查差速器壳内半轴齿轮与行星齿轮之间的间隙。其间隙一般应在 0.001～0.006in（1in ≈ 2.54cm）的范围内，如图 2-175 所示。如间隙大于最大值，增加垫片；如间隙小于最小值，拆下垫片。一般地，0.002in 垫片改变间隙 0.001in。

组装差速器时，必须检查主动锥齿轮的深度。对此可用各种现有的专用工具或百分表。用垫片调整行星齿轮的位置，要按制造商规定的具体步骤进行。

步骤 3

检测半轴齿轮与变速器壳之间的间隙：用一套塞规检验半轴齿轮与变速器壳之间的间隙。通常的测量值在 0～0.006in 之间。如间隙超过规定值，则须更换差速器壳，如图 2-176 所示。

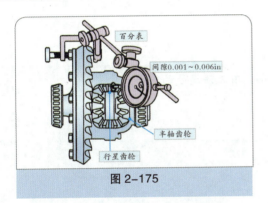

图 2-175

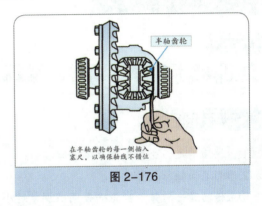

图 2-176

2. 万向传动装置的检修

万向传动装置检修

步骤 1

传动轴的检修：

①传动轴轴管不得有裂纹及严重的凹瘪。检查传动轴的弯曲变形，最大径向圆跳动不大于 0.8mm（如图 2-177 所示）。超过规定应对传动轴进行校正或更换。

②检查传动轴花键与滑动叉花键、凸缘叉与所配合花键的配合间隙（如图 2-178 所示）：轿车应不大于 0.15mm，其他类型的汽车应不大于 0.30mm，装配后应能滑动自如。

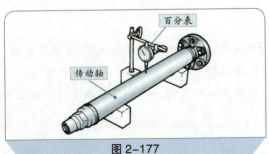

图 2-177

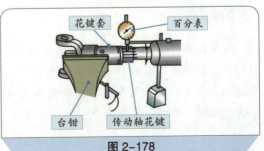

图 2-178

步骤2

传动轴中间支承的检修：

①检查中间支承的橡胶垫环是否开裂，油封磨损是否严重而失效，轴承松旷或内孔磨损是否严重，如果是，均应更换新的中间支承。

②检查轴承转动是否平稳（如图2-179所示）。

③检查垫块是否损坏，必要时更换。

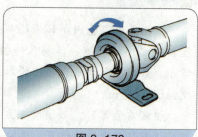

图2-179

七、驱动桥常见故障的检修

1. 驱动桥过热

故障现象

汽车行驶一定里程后，用手触碰驱动桥壳中部，有无法忍受的烫手感觉。

故障原因分析

①齿轮油不足、变质或牌号不符合要求。
②锥形滚动轴承调整过紧。
③主传动器一对锥形齿轮啮合间隙调整过小。
④差速器行星齿轮与半轴齿轮啮合间隙太小。
⑤油封过紧。
⑥止推垫片与主传动器从动齿轮背面间隙太小。

故障诊断

驱动桥过热故障诊断流程如图2-180所示。

2. 驱动桥异响

故障现象

汽车挂挡行驶时，驱动桥发出较大响声，而当滑行或低速行驶时响声减弱或消失；汽车行驶、滑行时，驱动桥均发出较大响声；汽车转弯行驶时，驱动桥发出较大响声，而直线行驶时，响声减弱或消失；汽车起步或突然改变车速时，驱动桥发出"吭"的一声；汽车缓车时，驱动桥发出"咯啦、咯啦"的撞击声。

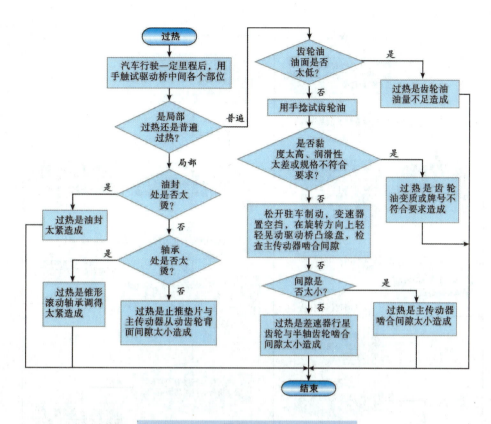

图 2-180

故障原因分析

①滚动轴承损伤、严重磨损或过于松旷。
②主传动器一对锥形齿轮严重磨损、轮齿变形、轮齿断裂、齿面损伤、啮合面调整不当、啮合间隙太大或太小、啮合间隙不匀或未成对更换齿轮等。
③主传动器从动齿轮变形或连接松动。
④主传动器主动齿轮凸缘盘紧固螺母松动。
⑤主传动器壳体或差速器壳体变形。
⑥差速器壳与十字轴配合松旷。
⑦行星齿轮孔与十字轴配合松旷。
⑧行星齿轮与半轴齿轮啮合间隙太大或太小。
⑨半轴齿轮与半轴花键配合松旷。
⑩行星齿轮与半轴齿轮的齿面严重磨损、损伤、轮齿变形或断裂。
⑪齿轮油不足、黏度太小或牌号不符合要求。
⑫齿轮油中有杂物或较大金属颗粒。

故障诊断

驱动桥异响故障诊断流程如图 2-181 所示。

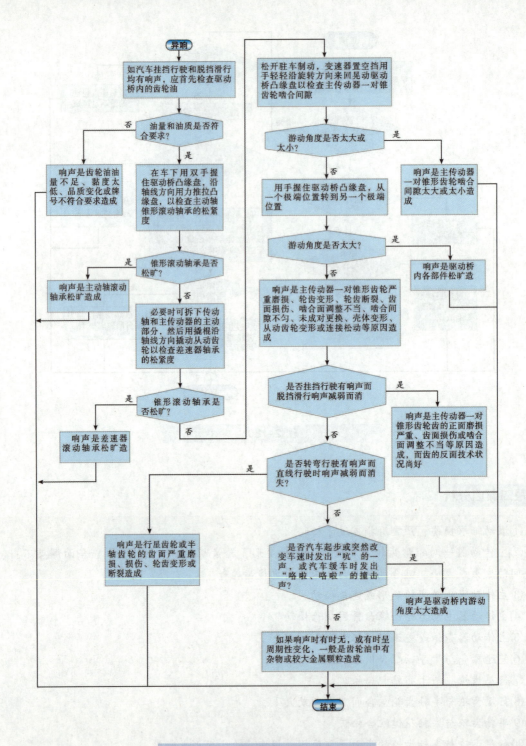

图 2-181

[知识链接] 自动变速器

自动变速器是指在汽车行驶过程中，变速器的操纵和换挡全部或者部分实现自动化控制的变速器。自动变速器能在行驶过程中根据发动机的转速、汽车的负荷情况、路况以及驾驶员的意愿实现自动换挡。

课题小结

本课题着重介绍了汽车传动系统的组成及作用、离合器的结构与工作原理、离合器的拆装与检修的方法、汽车变速器的作用和及工作原理、手动变速器的工作原理及手动变速器的动力传递过程、手动变速器的拆装与检修的方法；介绍了四轮驱动系统的组成，分动器的工作原理，驱动桥的组成与作用，主减速器、差速器、万向传动装置的结构与工作原理，拆卸和检修驱动桥的方法。

思考与练习

一、填空题

1. 离合器的的作用是 _____ 、_____ 、_____ 。
2. 同步器有 _____ 、_____ 和 _____ 三种类型。
3. 变速器输入轴的前端与离合器的 _____ 相连，输出轴的后端通过凸缘与 _____ 相连。

二、判断题（对的打"√"，错的打"×"）

1. 差速器的作用是保证两侧车轮以相同转速旋转。（   ）
2. 为使离合器接合柔和，驾驶员应逐渐放松离合器踏板。（   ）
3. 在离合器接合情况下，汽车无法切断发动机与传动系的动力传递。（   ）
4. 变速器在换挡时，为避免同时挂入两挡，必须装设自锁装置。（   ）
5. 离合器在紧急制动时，可防止传动系过载。（   ）

三、选择题

1. 变速器挂倒挡时，第二轴（   ）。
   A. 不转动　　　　　　　　　　B. 与发动机曲轴旋转方向相反
   C. 与发动机曲轴旋转方向相同　D. 以上均不正确
2. 不等速万向节指的是（   ）。
   A. 球叉式万向节　　B. 三销轴式万向节　　C. 十字轴刚性万向节　　D. 以上均不正确
3. 离合器的主动部分包括（   ）。
   A. 飞轮　　　　　　B. 离合器盖　　　　　C. 压盘　　　　　　　D. 摩擦片
4. 当膜片式离合器摩擦片磨损后，离合器踏板的自由行程（   ）。
   A. 变大　　　　　　B. 不变化　　　　　　C. 变小　　　　　　　D. 以上均有可能
5. 离合器的从动盘主要由（   ）构成。
   A. 从动盘本体　　　B. 从动盘毂　　　　　C. 压盘　　　　　　　D. 摩擦片

课题三 汽车行驶系统的构造与拆装

知识要求

1. 掌握汽车行驶系统的组成与作用。
2. 掌握车架的作用、车架的形式构造。
3. 了解车桥的作用与分类。
4. 熟悉转向桥和转向驱动桥的结构。
5. 掌握四轮定位调整常用的方法。
6. 熟悉车轮的结构。
7. 了解轮胎的作用和分类。
8. 熟悉外胎的结构。
9. 掌握悬架系统的作用、组成和类型。
10. 熟悉弹性元件的作用和类型，了解各种弹性元件的结构特点。
11. 掌握双向作用筒式减变器的构造及工作原理。

技能要求

1. 掌握车轮的拆装与检查方法。
2. 会对轮胎进行拆卸和安装。
3. 能够对车轮进行换位。
4. 能够使用动平衡机对车轮进行检测。
5. 掌握汽车前、后悬架的拆装方法。

素质要求

1. 注重6S管理核心理念，内化于行，让6S管理贯彻工作任务始终。
2. 通过行驶系统总成拆检等任务实施中的难点突破，再次促进学生锲而不舍、精益求精等工匠精神的养成。
3. 通过对传动系统总成不断拆检提升技能水平和效益质量，落实质量标准和要求，养成质量意识。
4. 阅读维修手册等多种来源材料获取信息，解决实际动手操作中的问题。
5. 记录信息与观察、观测到结果，做出推理并得出总成件或零部件功能完好与否的判断或结论。
6. 熟知安全环保常识，有效地计划并实施各种活动，并在活动中不断养成安全环保意识，保证自己行为不会给自己、他人和环境带来危险和危害。

课题三 汽车行驶系统的构造与拆装

任务一　行驶系统的组成与作用

一、行驶系统的作用

行驶系统的作用如下：
① 接受传动系传来的转矩并转化为汽车行驶的驱动力，以保证整车正常行驶。
② 支承汽车的总质量。
③ 传递并支承路面作用于车轮上的反力及其力矩。
④ 缓和冲击和振动，保证汽车平顺行驶。

二、行驶系统的组成

汽车行驶系统一般由车架、车桥、车轮和悬架四部分组成，如图3-1所示。

3-1

三、行驶系统的类型

汽车行驶系统的基本类型主要有轮式、履带式、半履带式（车轮-履带式）和水陆两用汽车等几种形式。

汽车行驶在比较坚实的道路上，其行驶系统中直接与路面接触的部分是车轮，这种行驶系统称为轮式行驶系统，这样的汽车便是轮式汽车；行驶系统中直接与路面接触的部分是履带的汽车称为履带式汽车；行驶系统中直接与路面接触的部分既有车轮又有履带的汽车称为半履带式汽车或车轮–履带式汽车；水陆两用汽车除具有一般轮式汽车的行驶系统外，还备有一套在水中航行的行驶机构。

四、车架与车桥

1. 车架

汽车车架是连接在各车桥之间形似桥梁的一种结构，是整个汽车的安装基础，俗称大梁。

（1）车架的作用和要求

车架的作用是安装汽车的各总成和部件，并使它们保持正确的相对位置，并承受来自车上和地面的各种静、动载荷。

车架的要求

①车架的结构首先应满足汽车总体布置的要求。
②车架应具有足够的强度和适合的刚度，以满足承受各种静、动载荷的要求。
③车架结构简单，质量应尽可能小，便于机件拆装、维修。
④车架的结构形状尽可能有利于降低汽车重心和获得大的转向角，以提高汽车行驶的稳定性和机动性。这一点对轿车和客车更为重要。

（2）车架的形式构造

汽车车架按其结构形式可分为边梁式、中梁式、综合式和无梁式车架。

① 边梁式车架

边梁式车架由左、右两根纵梁和若干根横梁组成，并通过铆钉或焊接将纵梁和横梁连接成坚固的刚性构架，便于汽车的布置，应用广泛，如图3-2所示。

图 3-2

② 中梁式车架

中梁式车架又称脊梁式车架，由一根贯穿汽车纵向的中央纵梁和若干根横向悬伸托架构成（如图3-3所示）。纵梁的前端做成叉形支架，用来安装发动机。主减速器壳固定在中梁的尾端，形成断开式驱动桥。这种车架质量轻，重心低，刚度和强度较大，行驶稳定性好，而且车轮运动空间足够大，前轮转向角大，便于采用独立悬架系统，适用于封闭式传动轴。但这种车架制造工艺复杂，精度要求高，维护不便。另外，横梁是悬臂梁，弯矩大，易在根部处损坏。

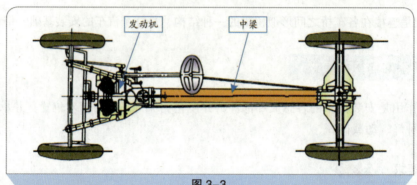

图3-3

③ 综合式车架

综合式车架是由边梁式车架和中梁式车架结合而成的，如图3-4所示。车架前段或后段近似边梁结构，便于分别安装发动机或驱动桥，传动轴从中梁中间穿过。这种结构可使地板的外侧高度有所降低。其缺点是中间梁的断面尺寸大，造成地板中部的凸起。另外，不规则的结构增加了车架的制造难度。

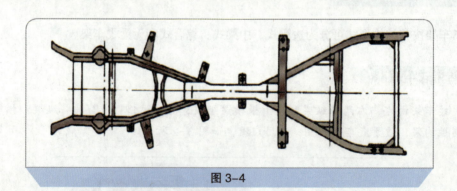

图3-4

④ 无梁式车架

无梁式车架是以车身兼代车架，主要部件连接在车身，称为承载式车身，如图3-5所示。这种结构的车身底板用纵梁和横梁进行加固，车身刚度较好，质量较轻，但制造要求高。许多轿车和公共汽车均采用承载式车身。

任务一　行驶系统的组成与作用

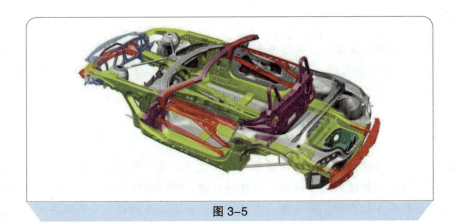

图 3-5

（3）车架的修理

① 车架变形的修理

车架弯曲、扭曲或歪斜变形超过允许值时，应进行矫正。若变形不大，可用专用液压机具（车体矫正机）进行整体冷压矫正。变形严重时，可将车架拆散，对纵、横梁分别进行矫正，然后重新铆合，必要时可采用中性氧化焰或木炭火将变形部位局部加热至暗红色进行热矫正（加热温度不得超过700℃，以免影响车架的性能）。

② 车架裂纹的修理

车架出现裂纹应采取手工电弧焊进行焊修，其操作步骤如下。

步骤1

焊前用砂布或钢丝刷等将裂纹附近清洗干净；在裂纹端头前方10mm处钻一直径为3～6mm的止裂孔，以防裂纹断续扩展；用手砂轮在裂纹处开V形坡口，如图3-6所示（图中虚线指用砂纸打磨的范围）。

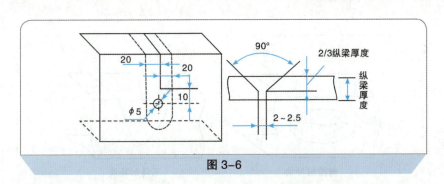

图 3-6

课题三 汽车行驶系统的构造与拆装

> **步骤2**

施焊用反极直流焊接法焊接：焊接电流为100～140A，焊接电弧应尽量短些，采用直径为4mm的J526焊条，焊条与其运动方向成20°～30°倾角，堆焊高度不大于基体平面2mm，焊后要锉平焊缝，修磨光滑。

> **步骤3**

裂纹较长或在受力较大部位时，焊后应用腹板进行加强。腹板可用焊接或铆接结合的方法固定到车架上。采用焊铆结合的方法时，应先焊后铆，铆钉排列如图3-7所示。焊接腹板时，阴影区禁施焊，如图3-8所示。长焊缝应断续焊接，如图3-9所示。冷天施焊时，焊接部位应适当预热（100℃～150℃），焊后应将焊渣清除干净，焊缝应光滑、平整，无焊瘤、弧坑、气孔、夹渣等缺陷，咬边深度应不大于0.5mm，咬边长度不大于焊缝长度的15%。

图3-7

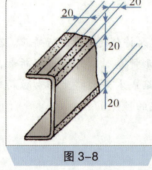

图3-8

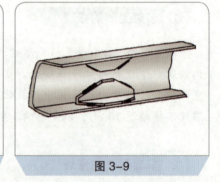

图3-9

③ 车架补块的应用

补块挖补法宜于修理车架产生的腐蚀和纵梁腹面上的短裂纹、翼面和腹面过渡处的贯通性裂纹。常用的补块有椭圆形和三角形，可从旧车架上割取。椭圆形补块用于修补腹面上的裂纹，三角形补块用于修补贯通性裂纹，如图3-10所示。

补孔用氧乙炔气割而成，割口要求光洁，补块与补孔间隙22.5mm。补块镶入补孔后，采用分段减应焊法，按车架焊接规范焊接。

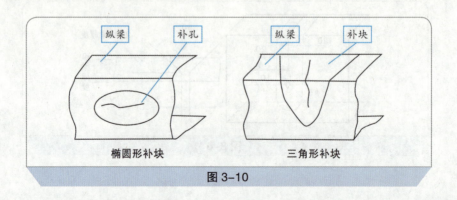

图3-10

2. 车桥

车桥通过悬架与车架连接，支承着汽车大部分重量，并将车轮的牵引力或制动力以及侧向力经悬架传给车架。车桥根据悬架结构形式的不同，可分为整体桥和断开桥两种。采用非独立悬架的是整体桥，采用独立悬架的是断开桥。

根据车桥作用的不同，车桥又可分为转向桥、驱动桥、转向驱动桥和支持桥四种类型。其中转向桥和支持桥都属于从动桥。在后轮驱动的汽车中，前桥不仅用于承载，而且兼起转向作用，称为转向桥；后桥不仅用于承载，而且兼起驱动的作用，称为驱动桥。越野汽车和前轮驱动汽车的前桥，除了起承载和转向的作用外，还兼起驱动作用，所以称为转向驱动桥。只起支承作用的车桥称为支持桥。

支持桥除不能转向外，其他功能和结构与转向桥相同。下面主要讲转向桥和转向驱动桥。

（1）转向桥

转向桥能使装在前端的左、右车轮偏转一定的角度来实现转向，还能承受垂直载荷和由道路、制动等力产生的纵向力和侧向力以及这些力所形成的力矩。

各种车型的转向桥的结构基本相同，都是由前轴、转向节、主销和轮毂四部分组成。整体式转向桥如图 3-11 所示。

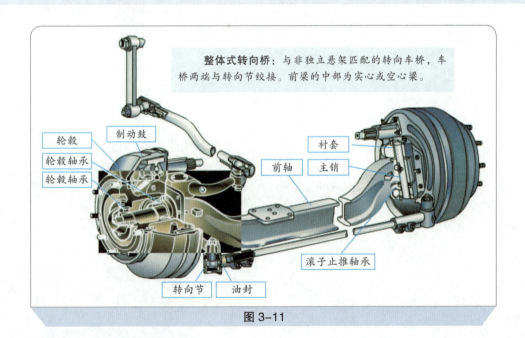

图 3-11

（2）转向驱动桥

转向驱动桥能同时实现车轮转向和驱动功能，如图 3-12 所示。转向驱动桥有一般驱动桥具有的主减速器、差速器和半轴等，也具有一般转向桥所具有的转向节和主销等。为了满足既能

课题三 汽车行驶系统的构造与拆装

转向又能驱动的需要，所以与车轮相连的半轴必须分成两段：与差速器相连的内半轴和与轮毂相连的外半轴，两者之间用等速万向节连接。另外，主销也同样分制成上、下两段，固定在万向节的球形支座上，转向节轴制成中空，以便外半轴从中穿过。这样既满足了转向的需要，又实现了转向节的传递转矩的功能。转向驱动桥广泛应用于全轴驱动的越野汽车上和部分轿车上。

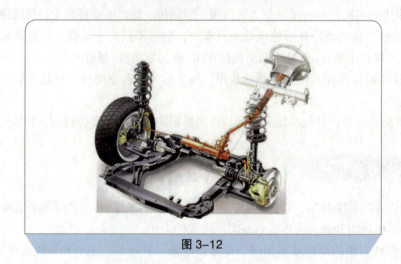

图 3-12

任务二　车轮与轮胎的认识与拆装

车轮与轮胎是汽车与路面的接触部件，汽车通过轮胎与地面的相互作用获得驱动力、制动力以及侧向支撑力。轮胎与车轮性能的好坏影响着汽车的行驶性能、安全性、动力性以及燃油经济性。

一、车轮的组成

车轮用于安装轮胎，传递和承受轮胎、车桥之间的各种作用力和力矩。车轮总成由轮辐、轮辋和轮毂三部分组成。

1. 轮辐

按照轮辐的结构不同，车轮可分为辐板式车轮和辐条式车轮。如图3-13所示。

辐板式车轮：其轮毂和轮辋由冲压而成的钢质圆盘连接起来。辐板式车轮一般用于普通轿车和轻、中型货车。

辐条式车轮：采用可锻铸的空心辐条将轮毂和轮辋组装在一起。辐条式车轮一般用于赛车和某些高级轿车上。

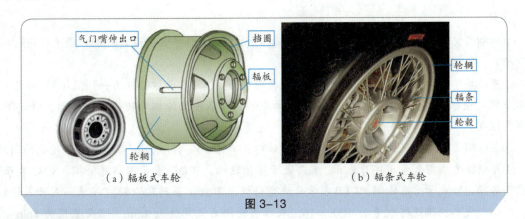

(a) 辐板式车轮　　(b) 辐条式车轮

图 3-13

2. 轮辋

轮辋用来安装和固定轮胎，根据结构的不同，分为深槽式轮辋、平底式轮辋和对开式轮辋，如图3-14所示。

深槽式轮辋：为整体结构，中部制成深凹槽，凹槽两侧的台阶略向中间倾斜。深槽式轮辋主要用于轿车及越野车上。

平底式轮辋：其底部呈平环状，它的一边有可拆卸的挡圈，开口锁圈限止挡圈脱出。平底式轮辋主要用于货车。

对开式轮辋：由两部分组成，并用螺栓连接成一整体。拆装轮胎时，只需旋下螺栓上的螺母即可。对开式轮辋主要用于大中型越野汽车。

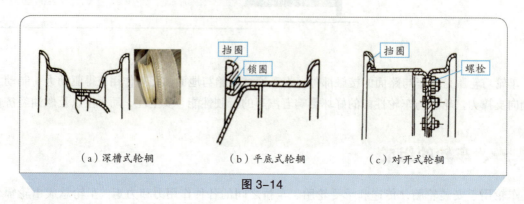

（a）深槽式轮辋　　（b）平底式轮辋　　（c）对开式轮辋

图 3-14

由于轮辋是轮胎的装配和固定基础，当轮胎装入不同的轮辋时，其变形位置与大小也发生了变化。因此，每一种规格的轮胎，最好配用规定的标准轮辋，必要时也可配用规格与标准轮胎相近的轮辋。如果轮辋选用不当，会造成轮胎早期损坏，特别是使用在过窄的轮辋上时。国产轮辋规格的表示方法如图 3-15 所示。

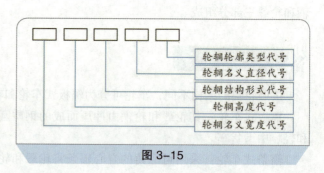

图 3-15

说明：

①轮辋名义宽度和名义直径代号的数值以英寸（in）表示[当新设计轮胎以毫米（mm）表示直径时，轮辋直径用毫米（mm）表示]。

②直径数字前面的符号表示轮辋结构形式代号，符号"×"表示该轮辋为一件式轮辋，符号"-"表示多件式轮辋。一件式轮辋是指轮辋为整体式的，而多件式轮辋由轮辋体、挡圈、锁圈等多个部件组成。

③在轮辋名义宽度代号之后的拉丁字母（如 C、D、E、F、J、K、L、V 等）表示轮辋的高度。

④轮辋轮廓类型代号用字母表示，DC 表示深槽轮辋，WDC 表示深槽宽轮辋，SDC 表示半深槽宽轮辋，FB 表示平底轮辋，WFB 表示平底宽轮辋，TB 表示全斜底轮辋，DT 表示对开式轮辋。

例如：汽车轮辋规格代号为 4.5E×16，表示该轮辋名义宽度为 4.5in、名义直径为 16in、轮辋的高度为 E 的一件式深槽轮辋。

3. 轮毂

轮毂内装有轮毂轴承，为使轴承得到润滑，可在轮毂内腔加少量润滑脂。轮毂螺栓又称为轮胎螺栓，用以连接轮毂、轮辐和制动鼓，包括螺柱、螺母和套螺母。多数轮胎螺栓是不能左右互换的，左轮用左旋螺纹，右轮用右旋螺纹，这样可避免汽车前进行驶时因旋转惯性而出现轮胎螺母自行松动现象。

二、轮胎的作用与类型

认识轮胎

轮胎组成

轮胎的结构

1. 轮胎的作用

轮胎的作用是支承汽车及货物的总质量；保证车轮和路面的附着性，以提高汽车的动力性、制动性和通过性；与汽车悬架一同减少汽车行驶中所受到的冲击，并衰减由此而产生的振动，以保证汽车有良好的乘坐舒适性和平顺性。

轮胎的性能

2. 轮胎的分类

汽车轮胎按胎体结构不同可分为充气轮胎和实心轮胎两种。现代汽车大多数采用充气轮胎。

（1）按保持空气方法的不同分类

充气轮胎按保持空气方法的不同，又分为有内胎的充气轮胎（如图 3-16 所示）和无内胎的充气轮胎（如图 3-17 所示）。

有内胎的充气轮胎由外胎、内胎和垫带等组成。内胎是一个环形的橡胶管，上面装有气门嘴，以便充入或排出空气。垫带是一个环形的橡胶管，它垫在内胎与轮辋之间，以保护内胎不被轮辋和胎圈磨伤。

无内胎的充气轮胎（俗称真空胎）：没有内胎和垫带，充入轮胎的气体直接压入无内胎轮胎中，要求轮胎与轮辋之间有很好的密封性。其优点是，轮胎穿孔时，压力不会急剧下降，能安全继续行驶；不存在因内外胎之间摩擦和卡住而引起损坏；可直接通过轮辋散热，所以工作温度低，使用寿命较长；结构简单，质量较小。其缺点是，材料、工艺要求高，伤口修理较为困难。

轮胎的气门嘴

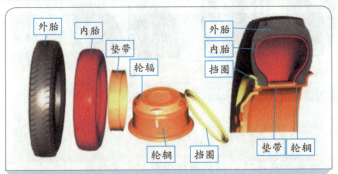

图 3-16

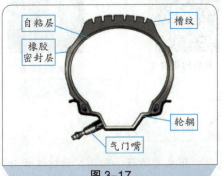

图 3-17

（2）按胎体帘布层的结构不同分类

充气轮胎按胎体帘布层的结构不同，可分为子午线轮胎和斜交轮胎，如图 3-18 所示。
子午线轮胎：帘布层帘线排列方向与轮胎横断面一致。
斜交轮胎：帘布层的帘线按一定角度交叉排列，帘线与轮胎横断面的交角通常为 50°。

图 3-18

3. 外胎的结构

外胎是轮胎的主体，按轮胎的部位，它由胎面（包括胎冠、胎肩和胎侧）、缓冲层、帘布层和胎圈四部分组成，如图 3-19 所示。

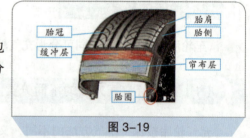

图 3-19

> **胎冠**

胎冠也称行驶面，它与路面接触，直接承受冲击和磨损，并与路面间产生很大的附着力，故胎冠应具有较高的强度、刚度、弹性和耐磨性。为满足各种不同路面（如光滑路面、沙石路面、湿滑路面和冰面）条件下的工作要求，使其在湿滑路面上也可以产生比较大的牵引力，避免轮胎纵横向打滑，在车轮滚动时，将胎面与路面接触区的水高效地排挤出去，胎冠制有各种花纹，主要有普通花纹（包括纵向折线花纹和横向花纹）、组合花纹、越野花纹等，如图 3-20 所示。

轮胎的花纹

图 3-20

> **胎肩**

胎肩是胎冠和胎侧间的过渡部分，一般也制有花纹，以提高该部位的散热性能。

胎侧

胎侧又称胎壁，由数层橡胶构成，覆盖轮胎两侧，保护内胎免受外部损坏。胎侧上标有厂家名称、轮胎尺寸及其他资料。

帘布层

帘布层是外胎的骨架，用以保持外胎的形状和尺寸。帘布层数越多，轮胎强度越大，但弹性降低。按照帘布层帘线排列方式的不同，外胎可分为斜交轮胎和子午线轮胎。帘线可以是棉线、人造丝线、尼龙线和钢丝等。

缓冲层

缓冲层夹在胎面和帘布层之间，由两层或数层较稀疏的帘布和橡胶制成，故弹性较大，能缓和冲击，并防止汽车在紧急制动时胎面与帘布层脱离。

胎圈

胎圈由钢丝圈、帘布层包边和胎圈包布组成，胎圈可以使外胎牢固地装在轮辋上。

4. 轮胎的规格标识

轮胎的规格标识如图 3-21 所示。

轮胎的规格识别

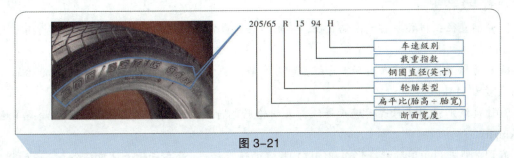

图 3-21

说明：

①断面宽度：轮胎正常充气后两侧面间的距离，用数用毫米表示，如 205、215、195 等。

②扁平率：轮胎断面的高度宽与宽度之比用数字表示。扁平率的值越小，车身底部与地面的间隙就越小，车身下的空气阻力就越小。

现在常用轮胎的扁平率有几种，其中三种常用的扁平率如图 3-22 所示。例如，75 系列表示这一系列轮胎的高度是宽度的 75%。注意，随着扁平率的加大（60、70、75、85），车身距离地面的高度也将变大，这会改变车辆的舒适性和操纵性。通常，随着扁平率值的减小，车辆的乘坐舒适性下降，但操纵性有所改善。同样，随着扁平率的增大，改善了乘坐舒适性，但车辆操纵性下降。消费者决定要购买轮胎时，应该根据用户使用手册决定所选的轮胎的规格，常见轮胎及运用车型如表 3-1 所示。

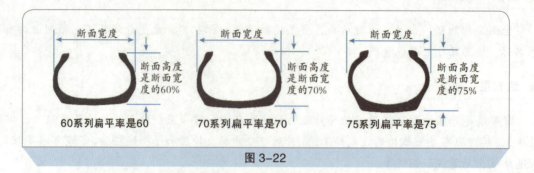

图 3-22

表 3-1 常见轮胎及运用车型表

轮胎	运用车型
195/60 R14 82	上海通用别克赛欧、雪铁龙爱丽舍、捷达王、波罗 1.4MT 等
195/60 R14 86	桑塔纳 Gli、桑塔纳 2000 等
195/65 R15 91	广本 2.3Vti、广本 2.0 Exi、帕萨特 1.8 Gsi、宝来 1.8 等
205/60 R15 91	奥迪 A6 1.8/1.8T/2.4、红旗 CA7202、风神蓝鸟奥迪、红旗、风神蓝鸟 2.0i、现代索纳塔 2.0 GLS 2.0i、现代索纳塔 2.0 GLS
205/65 R15 94	广本雅阁 3.0 V6、尼桑风度 3.0GV、2.0G、丰田佳美 3.0 V6 XLE 等
215/70 R15 98	通用别克新世纪、通用别克 GL8 商务车、林肯城市等
225/60 R16 98	奔驰 S280(1999 款)、奔驰 S320(1999 款)、奔驰款 S500(1999 款)

③轮胎类型：用字母表示轮胎的结构形式。R 代表子午线轮胎，B 代表带束斜交轮胎，D 表示代表斜交轮胎。

④轮辋直径：用数字表示轮辋直径，单位为 in，最常用的汽车轮辋直径有 13in、14in、15in 和 16in。

⑤载荷指数：用数字表示荷重等级，即最大载荷质量。例如，荷重等级为 85 的轮胎的最大载荷质量为 515kg。

⑥速度级别：用字母表示速度等级，表明轮胎能行驶的最高车速。例如，H 的最高车速为 210km/h。

我国参照采用了国际标准化组织(ISO)规定的速度标志。最高行驶速度应符合表 3-2 的规定。

表 3-2 最高行驶速度

轮胎结构	速度级别	不同轮辋直径轮胎的最高行驶速度 / (km · /h^{-1})		
		10	12	≥ 13
斜交轮胎	P	120	135	150
子午线轮胎	Q	135	145	160
	S	150	165	180
	H		195	210

三、车轮总成的拆装与检查

1. 车轮的拆装

（1）车轮的拆卸（以科鲁兹发动机为例）

拆卸车轮

> 步骤1

停放好车辆，拉紧驻车制动，如图3-23所示。

> 步骤2

安置好举升机的举升臂，然后稍微升起举升机，如图3-24所示。

图3-23

图3-24

> 步骤3

拧松轮胎固定螺栓，然后将车辆升至工作位置，如图3-25所示。

> 步骤4

逐一取下轮胎的紧固螺母，如图3-26所示。

图3-25

图3-26

课题三 汽车行驶系统的构造与拆装

步骤 5

双手将轮胎托起并取下，如图 3-27 所示。

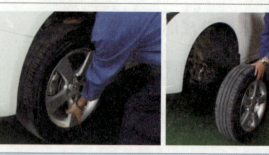

图 3-27

（2）车轮的安装

步骤 1

双手托起轮胎，将车轮装回，如图 3-28 所示。

步骤 2

逐一装上紧固螺栓并用扳手拧紧，如图 3-29 所示。

安装车轮

图 3-28

图 3-29

步骤 3

放下举升机，将车辆下放到地面，如图 3-30 所示。

步骤 4

紧固车轮螺母，扭紧力矩为 140N·M，如图 3-31 所示。

图 3-30

图 3-31

步骤 5

安装完毕,移走举升臂,如图 3-32 所示。

检查车轮

图 3-32

2. 车轮的检查

 步骤 1

车轮磨损的检查:通过观察胎面磨损标记或磨损指示条,可以确定轮胎是否过度磨损,如图 3-33 所示。磨损指示条是横贯轮胎表面的一窄条光滑橡胶,当轮胎严重磨损时,不管是均匀磨损或是不均匀磨损,磨损指示条将会露出来。当能够看到这些指示条时,说明轮胎已磨损,该更换轮胎了。

图 3-33

步骤 2

车轮气压的检查:轮胎要按规定压力充气。充气压力的规定值取决于轮胎的类型、车辆的重量和驾驶性要求。此外充气压力也要随温度的变化而变化,例如,在天气寒冷时,温度每降低10℃充气压力就是低大约 6.5kPa。无论冬季还是夏季都应按时检查轮胎的气压情况。

检查轮胎气压是否过高。充气压力过高,会增大轮胎的张力,胎侧产生过度变形,不能进行正常的弯曲变形。这种情况导致胎面中部磨损加剧,轮胎吸收路面冲击的能力将降低,如表 3-3 所示。

车轮气压的检查

表 3-3 轮胎气压过高或过低对轮胎的影响

条件	胎肩快速磨损		胎冠快速磨损		胎面碎裂
结果					
起因	轮胎气压过低或没有进行轮胎换位		轮胎气压过高		轮胎气压过低或超速
在轮胎冷态下调整轮胎气压到规定值					

四、轮胎的拆装

 1. 轮胎的拆卸

拆卸轮胎

 步骤 1

旋开气门,释放轮胎内的空气,将旧的平衡块去除,如图 3-34 所示。

步骤2

搬动手柄，使脱缘装置向外移开，将轮胎垂直置于脱缘装置与箱体靠架之间，并通过手柄将扳铲引至轮辋的外沿，如图3-35所示。

图3-34

图3-35

步骤3

踩下脚踏开关，即引入板脱开过程，在轮胎两面轮辋外径的各个部位重复这一过程，直至轮胎凸缘完全与轮辋轮沿脱开，并滑入轮辋床内，如图3-36所示。

图3-36

步骤4

将轮胎置于转盘上，操作脚踏夹紧开关，夹紧轮辋，如图3-37所示。

图3-37

步骤 5

搬动横臂，注意：装拆头应处于最高位置，否则有损坏轮辋的危险。压下纵臂，在装拆头离轮辋边缘 3～4mm 的位置，扳下夹具手柄，锁定装拆头位置，如图 3-38 所示。

步骤 6

用撬棍将轮胎凸缘撬起并滑抬至装拆头的拆卸凸块之上，如图 3-39 所示。

图 3-38

图 3-39

步骤 7

踩下转盘开关，转盘将带动轮胎旋转，装拆头便能自如地将轮胎从轮辋上卸下，如图 3-40 所示。

图 3-40

步骤 8

卸下上面轮缘后，用同样方法将下面的轮胎从轮辋中卸下，如图 3-41 所示。

步骤 9

松开夹具手柄，纵臂复位。踩下脚踏开关，松开轮辋，即可将轮辋与轮胎从转盘上取下轮胎，拆卸完毕。

图 3-41

2. 轮胎的安装

步骤1

与拆卸轮胎的操作一样，将轮辋装入转盘并夹紧，如图3-42所示。

安装轮胎

步骤2

将润滑膏涂抹在轮胎凸缘边上，如图3-43所示。

图3-42

图3-43

步骤3

将轮胎斜置于夹紧的轮辋上，将装拆头移到正确的位置并夹紧，使轮胎凸缘前部引入装拆头滑轨上面。踏下转动开关，转盘转动，轮胎即自动转入轮圈。上、下两面的轮胎装配方法一致，先装下面，再装上面，如图3-44所示。

图3-44

步骤4

松开手柄，移去装拆头，松开轮辋取下轮胎，如图3-45所示。

步骤5

给轮胎充气，安装完毕，如图3-46所示。

图 3-45

图 3-46

五、车轮换位

检查轮胎是否按照制造商建议的时间间隔和步骤进行换位。常用的轮胎换位方法如图 3-47 所示,最好按照制造商说明书的程序进行轮胎换位。

车轮换位

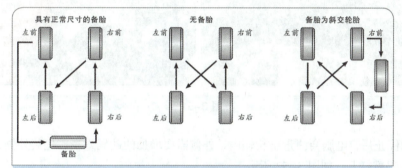

图 3-47 常用的轮胎换位方法

六、车轮动平衡

①把轮子装上动平衡仪,选择大小合适的固定器。将原先的配重块拆除,如图 3-48 所示。

②把动平衡仪上的尺子拉出来测量,然后输入第一个控制器,如图 3-49 所示。

轮胎动平衡

车轮动平衡检测

图 3-48

图 3-49

③把弯尺拿出,测量轮辋宽度,同样在第二个控制器上输入,如图 3-50 所示。

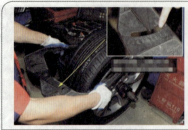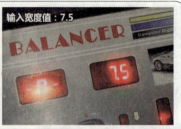

图 3-50

④在控制器输入轮辋半径，按 STRAR 键开始检测，如图 3-51 所示。

图 3-51

⑤当检测停止后，电脑会测量出轮辋内、外侧需要增加的砝码重量，先装外侧，转动轮胎，根据提示把砝码敲打上，如图 3-52 所示。

图 3-52

⑥安装完成。

> **注意**
>
> 轮胎应当定期做动平衡检查，用动平衡检测仪检查。轮胎平衡分为动态平衡和静态平衡两种。动态不平衡会使车轮摇摆，令轮胎产生波浪形磨损；静态不平衡会产生颠簸和跳动现象，往往使轮胎产生平斑现象。因此，定期检测平衡不但能延长轮胎寿命，还能提高汽车行驶时的稳定性，避免在高速行驶时因轮胎摆动、跳动，失去控制而造成的交通事故。

任务三　汽车悬架的构造与拆装

一、悬架的作用

悬架是车架（或车身）与车桥（或车轮）之间的一切传力连接装置的总称。其作用是弹性地连接车轿与车架（或车身），缓和行驶中车辆受到的由不平路面引起的冲击力，保证乘坐舒适和货物完好；迅速衰减由于弹性系统引起的振动，传递垂直、纵向、侧向反力及其力矩；起导向作用，使车轮按一定轨迹相对车身运动。

二、悬架的组成与分类

1. 悬架的组成

汽车悬架一般由弹性元件、减变器和导向机构（横向稳定杆、摆臂、纵向推力杆等）三部分组成，如图 3-53 所示。

2. 悬架的分类

（1）按照汽车导向机构分类

按照汽车导向机构的不同，汽车悬架可分为独立悬架（如图 3-54 所示）和非独立悬架（如图 3-55 所示）。

图 3-53

认识几种非独立悬架

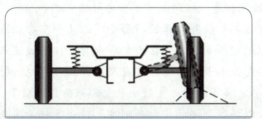

图 3-54

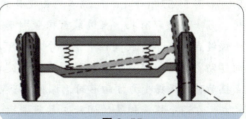

图 3-55

课题三 汽车行驶系统的构造与拆装

① 非独立悬架

非独立悬架因其结构简单，工作可靠，被广泛应用于货车的前、后悬架，国产微型车以及微型客货车后桥基本采用钢板弹簧式非独立悬架。现代轿车中，很少采用或仅后悬架采用非独立悬架。

非独立悬架的结构特点是两侧的车轮由一根整体式车桥相连，车轮连同车桥一起通过弹性悬架与车架（或车身）连接。当一侧车轮因道路不平而发生跳动时，必然引起另一侧车轮在汽车横向平面内发生摆动。

按所采用的弹性元件不同，非独立悬架分钢板弹簧式、螺旋弹簧式和空气弹簧式三种。

钢板弹簧式非独立悬架

图 3-56 所示为国产微型客货车广泛采用的钢板弹簧式非独立悬架。钢板弹簧纵向安置，中部用两个 U 形螺栓固定在前轴的工字梁上。钢板弹簧的主片（最上面的一片）的两端弯成卷耳，内装轴衬。前端卷耳用钢板弹簧销与前支架相连，形成固定的铰链支点；而后端卷耳通过前板簧吊耳销与用铰链挂在吊耳支架上可以自由摆动的吊耳相连接，从而保证了弹簧变形时两卷耳中心线间的距离可变。

钢板弹簧（非独立悬架）

钢板弹簧非独立悬架

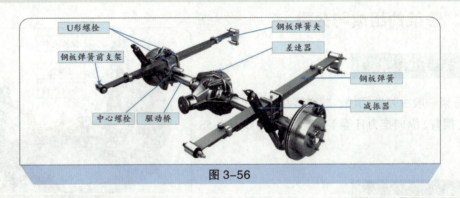

图 3-56

各弹簧片用中心螺栓加以连接，并用若干个弹簧夹定位，以防钢板弹簧反向变形，即反跳时使各片分开，以免主片单独承载，此外，还可防止各片横向错动。钢板弹簧在载荷作用下变形时，各片之间因相对滑动而产生摩擦，可以促使车架振动的衰减。

螺旋弹簧式非独立悬架

螺旋弹簧式非独立悬架具有纵向布置方便、便于维护和保养的特点，一般只用做轿车的后悬架（如图 3-57 所示）。两端车轮由整体式后桥相连，纵向上、下推力杆的一端和车桥固定在一起，另一端头部有孔，里边装有橡胶衬套，连接螺栓穿过橡胶衬套中间的孔和车身相连，并形成铰链点。汽车行驶过程中，整个后轴可以通过纵向上、下推力杆和车身连接的铰链点进行纵向摆动。由于铰链点处的橡胶衬套有一定的厚度和长度，橡胶本身又有弹性，所以后轴在铰链点摆动时，根据受力方向不同，橡胶衬套可以在各个方向产生较小的变形来防止运动干涉。

左、右两个螺旋弹簧的间距应尽可能大，以提高悬架的横向角刚度。横向导杆是用来传递车轴和车身之间的横向作用力及其力矩的。

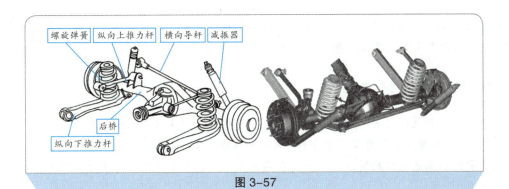

图 3-57

空气弹簧式非独立悬架

图 3-58 所示为空气弹簧非独立悬架。囊式空气弹簧的上、下端分别固定在车架和车桥（或与车桥相连的支架）上。从压缩机产生的压缩空气经油水分离器和压力调节器进入储气筒。压力调节器可使储气筒中的压缩空气保持一定的压力。储气罐通过管路与两个（或几个）空气弹簧相通。储气罐和空气弹簧中的空气压力由车身高度控制阀控制。空气弹簧和螺旋弹簧一样只能传递垂直力，其纵向力和横向力及其力矩也是由纵向推力杆和横向推力杆（图中未画出）来传递的。

车身高度控制阀固定在车架上，通过控制杆与车桥相连。阀体内有两个阀：通气源的通气阀和通大气的放气阀。这两个阀均由控制杆操纵。当汽车载荷增加、车桥移近车架时，控制杆上升，通过摇臂机构打开充气阀，压缩空气便进入空气弹簧，使车架和车身升高，直到恢复车身与车桥的原定距离为止；而当载荷减小、车桥远离车架时，控制杆下移，打开放气阀，则空气弹簧内的空气排入大气，车身和车架随即降低至原定数值。

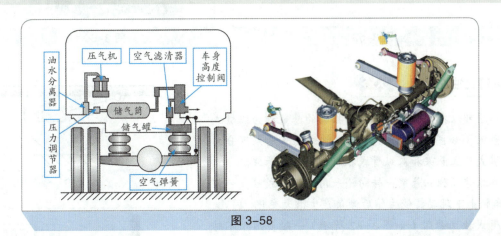

图 3-58

② 独立悬架

独立悬架采用的车桥是断开式的。两侧车轮分别独立地与车架或车身弹性连接，当一侧车轮受到冲击时，其运动不会影响另一侧车轮。

独立悬架的结构特点是车桥做成断开的，每一侧的车轮可以单独地通过弹性悬架与车架（或车身）连接。

独立悬架概述

独立悬架分类

按车轮的运动形式,独立悬架可以分为横臂式独立悬架、纵臂式独立悬架、多连杆式独立悬架、烛式悬架和麦弗逊式独立悬架等几种。

横臂式独立悬架

其车轮可以在汽车横向平面内摆动的悬架称为横臂式独立悬架,横臂式独立悬架示意图如图 3-59 所示。横臂式独立悬架可分为单横臂式和双横臂式。

单横臂式独立悬架结构简单,多应用在后悬架上,但由于不能适应高速行驶的要求,目前已应用不多。

双横臂式独立悬架按上、下横臂是否等长,又分为等长双横臂式和不等长双横臂式两种悬架。等长双横臂式独立悬架在车轮上下跳动时,能保持主销倾角不变,但轮距变化大(与单横臂式独立悬架相类似),造成轮胎磨损严重,现已很少用。不等长双横臂式独立悬架如图 3-60 所示,如两臂长度选择适当,可以使车轮和主销的角度以及轮距的变化都不太大,不大的轮距变化在轮胎较软时可以由轮胎变形来适应。不等长双横臂式独立悬架在轿车前轮上的应用较为广泛。

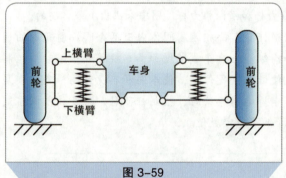

图 3-59

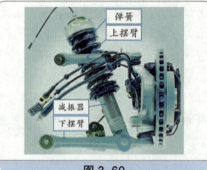

图 3-60

纵臂式独立悬架

车轮可以在汽车纵向平面内摆动的悬架称为纵臂式独立悬架(如图 3-61 所示)。纵臂式独立悬架可分为单纵臂式独立悬架和双纵臂式扭杆弹簧独立悬架。

单纵臂式独立悬架:转向轮采用单纵臂式独立悬架时,车轮上下跳动将使主销后倾角产生很大变化。因此,单纵臂式独立悬架(如图 3-62 所示)一般多用于不转向的后轮。它也属于单纵臂式独立悬架,其弹性元件为螺旋弹簧。

双纵臂式独立悬架:双纵臂式扭杆弹簧独立悬架如图 3-63 所示,它的两个纵臂长度一般相等,形成平行四连杆机构。这样,在车轮上下跳动时,主销的后倾角保持不变,故这种形式的悬架适用于转向轮。双纵臂式扭杆弹簧前独立悬架的转向节和两个等长的纵臂铰链连

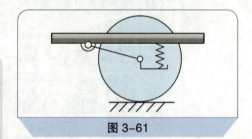

图 3-61

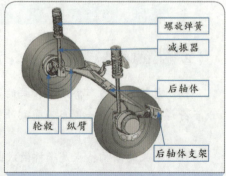

图 3-62

接。在车架的两根管式横梁内部都装有若干层矩形断面的薄弹簧钢片叠成的扭杆弹簧。两根扭杆弹簧的内端用螺钉固定在横梁的中部，而外端则插入摆臂轴的矩形孔内。摆臂轴用衬套支承在管式横梁内。摆臂轴和纵臂为刚性连接。另一侧车轮的悬架与之完全相同而且对称。

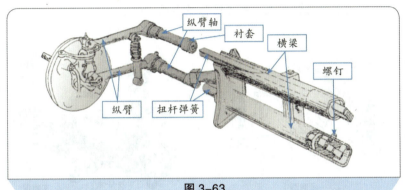

图 3-63

多连杆独立悬架

多连杆独立悬架图（如图 3-64 所示）是使车轮可以在由摆臂、推力杆等多杆件共同决定的斜向平面内摆动的悬架。多连杆独立悬架能使车轮绕着与汽车纵轴线成一定角度的轴线摆动，是横臂式独立悬架和纵臂式独立悬架的综合方案，适当地选择摆臂轴线与汽车纵轴线所成的夹角，可不同程度地获得横臂式独立悬架与纵臂式独立悬架的优点，能满足不同的使用性能要求。其不足之处是汽车高速时有轴摆动现象。

图 3-64

烛式悬架

烛式悬架如图 3-65 所示，其结构特点是车轮沿主销轴线上下移动。当悬架变形时，主销位置和定位角不会发生变化，仅是轮距、轴距稍有变化，有利于汽车的操纵性和稳定性。烛式悬架的缺点是：汽车行驶时的侧向力会全部由套在主销套筒的主销承受，致使套筒与主销间的摩擦阻力加大，磨损也较严重。烛式悬架现已应用不多。

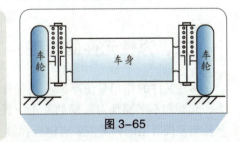

图 3-65

课题三 汽车行驶系统的构造与拆装

麦弗逊式独立悬架

麦弗逊式独立悬架又称为滑柱摆臂式独立悬架,目前广泛应用于发动机前置前轮驱动轿车前悬架。这种悬架如图3-66所示,由减变器、螺旋弹簧、横摆臂和横向稳定杆等组成。减变器与螺旋弹簧装于一体,作为引导车轮跳动的滑柱,有的还兼起转向主销作用。采用这种悬架的汽车前端空间大,有利于发动机布置,并可降低整车的重心。

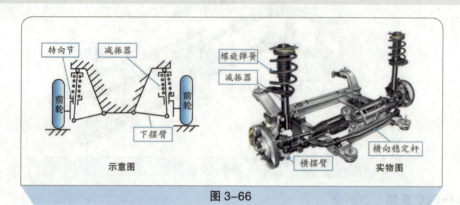

图 3-66

(2)按照控制方式分类

按照控制方式的不同,汽车悬架可分为被动悬架(如图3-67所示)和主动悬架(如图3-68所示)。

传统的机械控制属于被动控制,即汽车的状态只能被动地取决于路面、行驶状况和汽车的弹性元件、减变器和导向机构等机械部件。而主动控制采用电子控制技术,它能根据路面和行驶状况,自动调节悬架刚度和阻尼,控制汽车的振动和状态,使汽车平顺行驶。

图 3-67

图 3-68

三、弹性元件的类型

弹性元件的作用是使车架(或车身)与车桥(或车轮)之间成为弹性连接,和弹性的充气轮胎一起缓和不平路面对车辆的冲击,提高乘员的舒适性,避免货物损伤,延长汽车使用寿命。汽车悬架系统所用的弹簧主要有钢板弹簧、螺旋弹簧、扭杆弹簧、油气弹簧和空气弹簧等。

1. 钢板弹簧

钢板弹簧是由若干片等宽但不等长（厚度可以相等，也可以不相等）的合金弹簧片组合而成的一根近似等强度的弹性梁，如图 3-69 所示。钢板弹簧纵向安置时具有导向能力，所以采用纵置钢板弹簧的悬架不必另设独立的导向机构。多片钢板弹簧变形时，各片之间有相对滑动而产生摩擦，可以衰减车身的振动，因而在对舒适性要求不高的钢板弹簧悬架中，不安装减变器，以简化结构。

图 3-69

2. 螺旋弹簧

和钢板弹簧比较，螺旋弹簧具有以下优点：无须润滑，不忌污泥；安置它所需的纵向空间不大；弹簧本身质量小。但螺旋弹簧只能承受垂直载荷，故必须装设导向机构以传递垂直力以外的各种力和力矩。另外，螺旋弹簧本身没有减振作用，因此在螺旋弹簧悬架中必须另装减变器。螺旋弹簧如图 3-70 所示。

图 3-70

3. 扭杆弹簧

扭杆弹簧本身是一根由弹簧钢制成的杆，如图 3-71 所示。扭杆断面通常为圆形，少数为矩形或管形。其两端形状可以做成花键、方形、六角形或带平面的圆柱形等，以便一端固定在车架上，另一端固定在悬架的摆臂上。摆臂则与车轮相连。当车轮跳动时，摆臂便绕着扭杆轴线而摆动，使扭杆产生扭转弹性变形，借以保证车轮与车架的弹性联系。有的扭杆由一些矩形断面的薄条（扭片）组合而成，这样，弹簧更为柔软。

扭杆弹簧单位质量的储能量是钢板弹簧的 3 倍，比螺旋弹簧高。采用扭杆弹簧的悬架质量较小，结构比较简单，也不需润滑，并且通过调整扭杆弹簧固定端的安装角度，易实现车身高度的自动调节。

此外，扭杆弹簧在汽车上的布置比较方便，它可以与汽车纵轴线平行地布置，也可以横向布置。纵向布置时，可以方便地安装满足设计要求长度的扭杆，以保证悬架具有良好的性能。

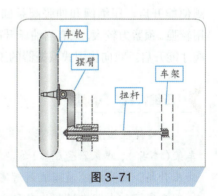

图 3-71

4. 油气弹簧

油气弹簧以高压惰性气体（一般为氮气）作为弹性介质，以油液作为传力介质的气体弹簧，利用气体的可压缩性来执行弹簧缓冲的作用，如图 3-72 所示。

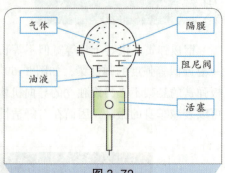

图 3-72

5. 空气弹簧

空气弹簧一般用于电子悬架系统中，以压缩空气为弹性介质，利用气体的可压缩性实现弹簧的作用。空气弹簧又有囊式和膜式两种，如图 3-73 所示。

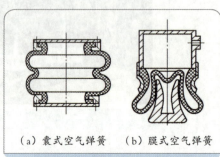

（a）囊式空气弹簧　（b）膜式空气弹簧

图 3-73

四、减振器的类型及工作原理

减振器的作用是：弹性系统受到冲击会产生振动，持续的振动容易使乘员感到不舒适或疲劳，为了尽快使弹性系统的振动迅速衰减，改善汽车行驶平顺性，悬架中安装有减振器，使振动迅速衰减。

汽车减振器有液力式、充气式和阻力可调式几种。这里主要讲述液力式减振器。

目前汽车广泛采用筒式液力式减振器，其在压缩和伸张两个行程内均起减振作用，故又称为双向作用式减振器（如图 3-74 所示）。它一般具有四个阀：压缩阀、伸张阀、流通阀和补偿阀。流通阀和补偿阀是一般的单向阀，其弹簧作用很弱，当阀上的油压作用力与弹簧力同向时，阀处于关闭状态；而当油压作用力与弹簧力反向时，只要有很小的油压，阀便能开启。压缩阀和伸张阀是卸载阀，其弹簧作用较强，预紧力较大，只有当油压升高到一定程度时，阀才能开启。双向作用式减振器的工作原理如下。

图 3-74

压缩行程

压缩行程如图 3-75 所示。当汽车车轮滚上凸起地面和滚出凹坑时，车轮移近车架（车身），减振器受压缩，减振器活塞下移。活塞下面的腔室（下腔）容积减小，油压升高，油液经流通阀流到活塞上面的腔室（上腔）。由于上腔被活塞杆占去一部分空间，上腔内增加的容积小于下腔减小的容积，故还有一部分油液推开压缩阀，流回储油缸。这些阀对油液的节流产生对悬架压缩运动的阻尼力。

液力式减振器

伸张行程

当车轮滚进凹坑或滚离凸起地面时,车轮相对车身移开,减振器受拉伸,此时减振器活塞向上移动。活塞上腔油压升高,流通阀关闭,上腔内的油液便推开伸张阀流入下腔。同样,由于活塞杆的存在,自上腔流来的油液还不足以充满下腔所增加的容积,下腔内产生一定的真空度,这时储油缸中的油液便推开补偿阀流入下腔进行补充。这些阀的节流作用产生对悬架伸张运动的阻尼力。

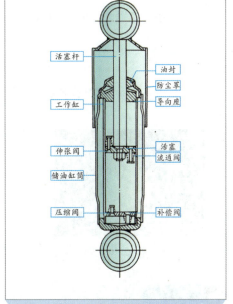

图 3-75

五、汽车悬架的拆装

1. 前悬架的拆装

拆卸独立悬架

(1) 前悬架的拆卸

步骤1

停放好车辆,将车辆用举升机稍稍顶起,拧松车轮紧固螺栓,如图 3-76 所示。

图 3-76

步骤2

将车辆升至工作位置,取下车轮,如图 3-77 所示。

步骤3

打开发动机舱,机舱四周铺上防护垫,如图 3-78 所示。

图 3-77

图 3-78

课题三 汽车行驶系统的构造与拆装

步骤4

用扳手拆下转向节螺母和螺栓,如图3-79所示。

步骤5

从前滑竿上拆下稳定杆连杆螺母,取下连杆,如图3-80所示。

图3-79

图3-80

步骤6

将制动软管从减变器上分离,如图3-81所示。

步骤7

拆下支撑罩,如图3-82所示。

图3-81

图3-82

步骤8

松开固定螺栓,取下螺母和支撑板,如图3-83所示。

图3-83

任务三 汽车悬架的构造与拆装

步骤 9

用拖顶支撑悬架下端,松开减振器下端螺栓,取出减变器总成,如图 3-84 所示。

图 3-84

前减振器拆卸

步骤 10

用弹簧压缩器压住减振弹簧,如图 3-85 所示。

步骤 11

松开固定螺母,取下减振弹簧上盖,如图 3-86 所示。

前减振器分解

图 3-85

图 3-86

步骤 12

取下弹簧和防尘套,如图 3-87 所示。

图 3-87

课题三 汽车行驶系统的构造与拆装

◤ 步骤 13

取出减震垫、下隔震垫，如图 3-88 所示。

图 3-88

（2）前悬架的安装

按照拆卸过程的相反顺序安装。

2. 后悬架的拆装

（1）后悬架的拆卸

安装独立悬架

◤ 步骤 1

将车辆升于工作位置，取下车轮，如图 3-89 所示。

◤ 步骤 2

用拖顶举起后桥，如图 3-90 所示。

图 3-89　　　　　　　　　　图 3-90

◤ 步骤 3

拆下减变器上部紧固螺栓，如图 3-91 所示。

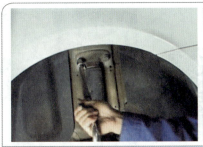

图 3-91

步骤 4

放下拖顶,拆下减变器下部螺栓,如图 3-92 所示。

图 3-92

步骤 5

取下减变器,如图 3-93 所示。

步骤 6

用撬棍压下后桥,取出减振弹簧,如图 3-94 所示。

图 3-93　　　　　　　　　图 3-94

步骤 7

取下减变器防尘套,如图 3-95 所示。

（2）后悬架的安装

按照拆卸过程的相反顺序安装。

六、四轮定位

了解四轮定位

图 3-95

1. 四轮定位调整的常用方法

（1）从上控制臂调整的常用方法

下面是检测四轮定位的具体操作实例：

①增减垫片调整主销后倾角和车轮外倾角，适用于别克、丰田、马自达、陆地巡洋舰等车型，如图 3-96 所示。

②移动上控制臂来调整前轮外倾角和主销后倾角，适用于克莱斯勒等车型，如图 3-97 所示。

主销后倾　　主销内倾

四轮定位检查

图 3-96

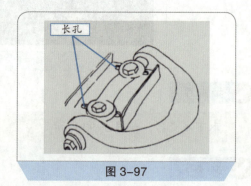
图 3-97

③旋转凸轮来调整车轮外倾角和主销后倾角，适用于别克、凯迪拉克、雪佛兰、福特等车型，如图 3-98 所示。

④旋转上控制臂上的两个偏心凸轮来调整主销后倾角和车轮外倾角，适用于皇冠、福特等车型，如图 3-99 所示。

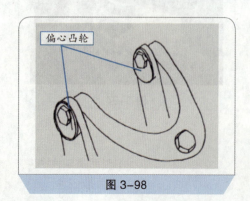
图 3-98

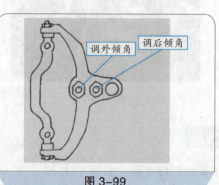
图 3-99

⑤分别旋转两个偏心螺栓来调整车轮外倾角和主销后倾角，适用于本田、丰田等车型，如图3-100所示。

（2）从下控制臂调整的常用方法

①旋转偏心凸轮，可调整车轮外倾角，适用于丰田、凌志、林肯、马自达等车型，如图3-101所示。

②调整主销后倾角时，松开环销并旋转即可，调整车轮外倾角时，旋转偏心螺栓，适用于梅塞德斯-奔驰等车型，如图3-102所示。

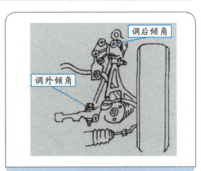

图3-100

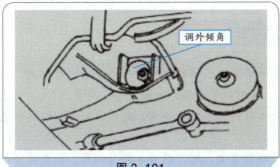

图3-101

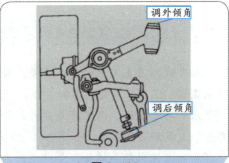

图3-102

③松开控制臂安装螺栓，旋转偏心凸轮可调整前轮外倾角，适用于皇冠、福特等车型，如图3-103所示。

④松开下控制臂前端的球头安装螺栓，可以推进或拉出球头，从而调整前轮外倾角，适用于奥迪、大众系列等车型，如图3-104所示。

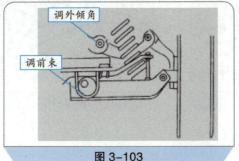

图3-103

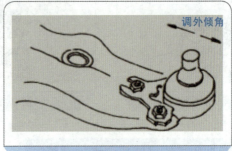

图3-104

（3）从减变器顶部进行调整的常用方法

①松开前减变器顶上定位螺栓，可以沿前卡孔左右移动减变器来调整前轮外倾角，适用于奥迪等车型，如图3-105所示。

②松开前减振器顶上定位螺栓，向下推着前减振器并旋转180°，顺时针转增大外倾角，逆时针转减小外倾角，适用于福特、马自达等车型，如图3-106所示。

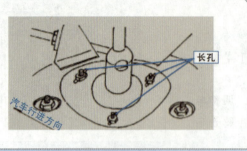

图3-105

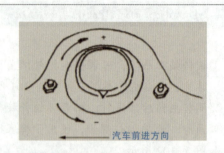

图3-106

（4）从减振器支架部位进行调整的常用方法

①松开减振器支架上的两个螺栓，旋转上部带偏心凸轮的螺栓即可调整前轮外倾角，适用于克莱斯勒、三菱、尼桑、丰田、佳美、花冠、保时捷等车型，如图3-107所示。

②松开两个螺栓，向里推或向外拉轮胎，可以调整车轮外倾角，适用于别克、凯迪拉克、雪弗兰、克莱斯勒等车型，如图3-108所示。

③松开减振器两个螺栓，向外或向内移动轮胎上部，可以调整车轮外倾角。调整后可以加进楔形锯齿边铁片（简称楔铁），既能固定又可防松脱，该方法适用于福特等车型，如图3-109所示。

图3-107

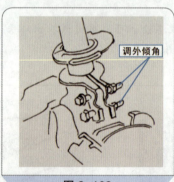

图3-108

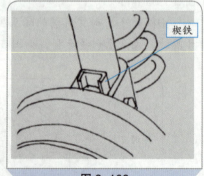

图3-109

（5）从其他定位部位进行调整

①调长或调短前轮上的推力杆，可调整前轮主销后倾角，如图3-110所示。

②后轮下控制臂一端装有偏心凸轮，松开螺栓旋转凸轮可以调整后轮前束，如图3-111所示。

③上部的偏心凸轮用来调整车轮外倾角或前束，下部悬架上的拉杆可用来调整外倾角，如图3-112所示。

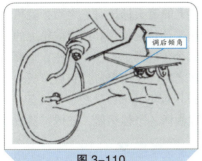
图 3-110

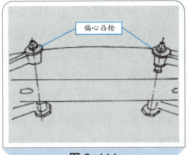
图 3-111

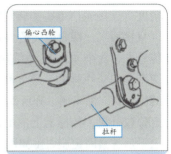
图 3-112

2. 四轮定位仪的使用方法

四轮定位仪是用于检测汽车车轮定位参数,并与原厂设计参数进行对比,指导使用者对车轮定位参数进行相应调整,使其符合原设计要求,以达到理想的汽车行驶性能,即操纵轻便、行驶稳定可靠、减少轮胎偏磨损的精密测量仪器。下面以百斯巴特为例,讲解四轮定位仪的使用方法。

操作四轮定位仪及调车

(1) 上车前准备工作

在被测车辆开上举升机之前,需要检查四个车轮的胎压是否符合标准胎压,轮胎花纹是否严重磨损。确定举升机两个承载板的宽度与被测车辆的前、后轴距一致,然后将举升机降至最低点,确保转角盘和后滑板的固定销都插好之后,再将被测车辆开上举升机。车辆在举升机上应处于正前方向,不要使车身歪斜。车辆的两前轮要落在两转角盘的中心上,同时转角盘的圆盘要均匀分布在轮胎的两侧。车辆熄火后,拉上驻车制动器,摇下左前侧车窗玻璃,司机离开车辆。操作员需要分别用力压车身的前部和后部,以使车辆的悬架复位。

(2) 安装夹具

如图 3-113 所示,根据所测车辆的车轮尺寸对夹具进行调整。首先调整下方两个尼龙爪到合适的尺寸位置,然后调节两个夹臂的伸出长度。先将下方的两个尼龙爪顶在钢圈的凸起的外沿,然后松开上方尼龙爪的旋钮,调整它的位置,使之也顶在钢圈的凸起的外沿,然后再拧紧旋钮。下一步是用两手同时推动夹具上的活动杆,使夹臂能够卡在轮纹内,然后挂上安全钩,检查夹具是否安装牢固。

图 3-113

(3) 安装定位仪

将四个传感器按照对应车轮的位置安装到夹具上。要注意在传感器的定位轴上要涂抹稀的润滑油(不能涂黄油),以防止长时间插拔后造成定位轴磨损,无法准确安装到位,影响测量

课题三 汽车行驶系统的构造与拆装

精度。连接通信电缆和转角盘电缆。把电缆插头上的箭头和插座上的箭头标记对好之后，就可以直接插入。四根电缆的差别只是长度不同，两根 6.5m 的电缆用来连接定位仪和两个前轮上的传感器，两个 4.5m 的电缆用于前、后传感器之间的互相连接。每个传感器上有三个插座，上面两个是完全一样的，最下面的一个用来连接转角盘。电缆连接好之后，拔掉转角盘和后滑板上的固定销。将车辆举升后落到举升机最低一格的安全锁止位置，以保证举升平台处在水平状态。定位仪开机，传感器上的电源指示灯亮，按 R 键或相应的位置键激活各个传感器，把传感器放水平后拧紧固定旋钮（如图 3-114 所示）。

（4）操作定位仪

开机之后，批处理程序会自动进入测量程序的初始状态，等待用户进行下一步的操作。按 F3 键可进入下一步。屏幕上出现"TEST"，表示系统正在刷新所记忆的上次测量的信息，然后程序开始测量步骤。测量步骤主要分四步，即测量前的准备工作（包括输入登记表格、选择车型和偏位补偿）、调整前检测、定位调整、调整后检测。

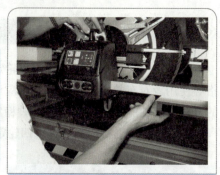

图 3-114

测量前的准备工作

①输入登记表格：登记表格包含了各项客户信息，可以任意选择要输入的项目，并且将来可以根据所输入的项目来调出此次测量结果数据。一般可以按车辆车牌号或维修单编号来输入相应条目，以便将来调取。输入信息可以是英文字母或数字，没有汉字输入。

②选择车型：填完表格之后，按 F3 键进入车型选择界面。选择对应于所测车辆的车型之后，如果需要做偏位补偿，则按 F3 键，否则按 F4 键停止。

③偏位补偿：如果所使用的夹具是快速夹具，则只有在钢圈损坏程度较严重时，才需要做偏位补偿（对于奥迪 A6 或帕萨特 B5，测量前必须做偏位补偿）；如果所使用的是自定心夹具，则对所有车辆必须做偏位补偿。

调整前检测

安装好定位仪设备附带的制动锁。进入调整前检测步骤，屏幕上会出现转向盘对中提示图案。在绿色区域内，表示可以接受的范围，但是在绿色范围的左、右两侧的测量结果，会相差 5° 左右。因此，最好是将箭头对中绿色区域的中间黑线处。打转向盘的顺序为：先对中，然后向右 20°，再向左 20°，接着对中。此时屏幕上出现测量得到的前轮前束时。按 F3 进入测量最大总转角的步骤，使用电子转角盘的定位仪可以通过这个步骤自动测量出最大总转角。先对中转向盘，然后按照屏幕提示，取下两个前部传感器。待屏幕上显示出测量等待画面后，连续向右打转向盘直到打不动为止，然后稳定住不松手。等到测量结束后，再连续向右打转向盘直到打不动为止，然后稳定住不松手。等到测量结束后，屏幕自动显示出所有的测量数据。再装上两个前部传感器，如果在测量出的数据中，可调数据有超出允许范围的，则可进入定位调整的步骤。

定位调整

做定位调整前，先用转向盘锁将转向盘固定成水平状，再升起举升机到合适调整的高度，将举升机锁止在水平安全位置。将四个传感器调整为水平状态，再操作定位仪进行定位调整操作。调整程序会先显示车辆后轴参数的测量值，如果车辆后轴参数是可调的（多数车辆的后轴定位参数是不能调整的），则可参照屏幕上显示的数据进行调整，屏幕显示的数据会随时显示当前调整后的参数数据。后轴定位参数调整完后，按F3键可进入前轴调整步骤。前轴外倾角的调整按照车辆底盘的结构可分为两种，一种是需要举升前轴使前轴车轮悬空才能调整外倾角，另一种是不需要举升前轴就可调整外倾角。

对于需要举升前轴调整外倾角的车辆，其定位调整的步骤如下：

①按F3键直到屏幕上出现前轴调整画面。此时屏幕上同时显示出前轴的五个定位参数的数据值，它们分别是：左、右轮外倾角，左、右轮前束，前轮总前束。然后按F7键，屏幕上出现提示语句，提示此时可以用二次举升机将车辆的前轴举起。在用二次举升机将车辆前轴举起后，再按F3键前进，此时屏幕显示左、右轮外倾角的数据。下面就可以按照屏幕显示的数据进行外倾角的调整了。

②调整完左、右轮的外倾角后，按F3键前进，则屏幕上出现"现在可以将二次举升机放下"的提示，此时可以放下二次举升机，当车辆前轮在举升机平台上落稳之后，拽住车辆前轴的悬架部分，下拉几次，以使车辆前轴的悬架复位。车辆放好之后，再按F3键，此时屏幕又重新显示前轴调整画面。

③在前轴调整画面下，按照显示的左、右轮前束值调整左、右轮前束。当左、右轮前束和总前束都调整好后，按F4键结束定位调整过程。

对于不需要举升前轴调整外倾角的车辆，则可在前轴调整画面下，按照先调外倾角、再调前束的顺序，参照屏幕上实时显示的各参数值，分别调整左、右外倾角和左、右前束值。调整好之后，按F4键结束定位调整过程。

调整后检测

将举升机降回到调整前测量时的高度，将举升机锁止在水平安全位置。进入调整后检测步骤，此时屏幕上显示当前的两前轮的单独前束值。按F3键前进，其余步骤与调整前检测的步骤相同。

如果在此步骤中显示的两前轮的单独前束值与定位调整过程中调整好的前束值有较大差别，原因可能是因为在调整结束后，将车辆落下来的过程中，转向盘位置发生了改变，导致两前轮的位置改变。因此每个车轮的单独前束值会与定位调整时的值不同，但前轮总前束不会改变。但由于进入调整后检测时所显示的前轮单独前束值会被记录，并在最后的测量结果中显示出来，从而使得调整结果报告中的前轮单独前束值有可能不合格。而实际情况是前轮总前束是合格的，只是因为转向盘没有对中而导致单独前束值处在允许范围之外。为防止这种情况出现，在调整后检测步骤中，如果发现所显示的每个车轮的单独前束值与定位调整时的值有较大不同，按F3键，直到屏幕上出现对中转向盘的图示后，依图示对中转向盘。然后按F4键退出调整后检测步骤，再重新进入调整后检测步骤。此时因为有了前一步的转向盘对中，所以屏幕上显示的应为转向盘对中情况下的前束值，即所需要的值。如果这时候的前束值在允许范围之内，则表明定位调整合格；如果此时前束值仍不合格；则表明上一步的定位调整没有做好，还需要再回到定位调整步骤中再次进行一遍调整。

最后所显示的测量调整结果报表给出了调整前测量值、标准值以及调整后测量值，以调整后测量值为最终结果。因此，如果在调整后测量值中，存在可以调整的参数的数据不合格，则还需要返回定位调整步骤重新进行调整。将光标移动到测量调整结果报表中的打印机图标位置，然后按回车键确认，就可以打印出完整的测量调整结果报表。

七、悬架的检修

1. 非独立悬架系统的检修

非独立悬架系统的检修主要包括弹性元件的检修和减变器的检修。

（1）弹性元件的检修

① 钢板弹簧的检修

钢板弹簧长期使用会导致弹性下降甚至折断，钢板销、支架与吊耳磨损等。
a. 钢板弹簧不能有裂纹、折断，如有应更换新件。
b. 钢板弹簧弹性下降表现在钢板弹簧的弧高减小，一般在弹性实验器上检查有负荷或无负荷下弧高的减小。钢板弹簧弹性下降也表现在叶片的曲率半径变化，可用新片来进行靠合实验。
c. 左、右两侧的钢板弹簧的总片数要相等，总厚度相差和弧高差不大于极限值。
d. 钢板弹簧的夹子、中心螺栓应完整，U形螺栓要按规定的力矩拧紧。

② 螺旋弹簧的检修

螺旋弹簧的检修主要是检查螺旋弹簧的自由长度，如自由长度比标准长度缩短了5%以上，则表示该弹簧已经永久变形，刚度变差，必须更换。

> **注意**
> 更换时应同时更换左、右两个螺旋弹簧，以使车辆两侧的高度保持相同。若螺旋弹簧上有裂纹，应更换。

（2）减振器的检修

车辆行驶时，如减振器发出异常的响声，则说明该减振器已损坏，应更换。减振器为免维护机构，外面有轻微的油迹时，不必更换减振器。如有大量油迹即漏油，减振器在压缩到底或伸展时会产生跳动现象，这时只能更换减振器。

减变器应在专用性能试验台上进行试验。若无试验条件，则可往复推拉减变器 2～3 次，检查其阻力恢复情况，推拉时应有一定阻力，而且拉伸的阻力比压缩的阻力要大一些，且推拉中无卡滞及明显的空行程。若阻力过大，应检查活塞杆是否弯曲；若无阻力，则表示减变器油已漏光或失效，必须更换。

2. 独立悬架的检修

独立悬架系统的检修主要包括前减变器悬架轴承和橡胶挡块的检修以及副车架、横向稳定杆和下摆臂的检修。

（1）前减变器悬架轴承和橡胶挡块的检修

① 检查前减变器悬架轴承的磨损与损坏情况（如图 3-115 所示），支承装置应能灵活转动，损坏时必须整体更换。

② 检查橡胶挡块的损坏与老化情况，如损坏应及时更换。

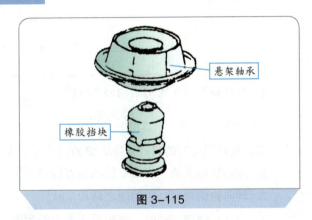

图 3-115

（2）副车架、横向稳定杆和下摆臂的检修

① 检查副车架（前托架）、横向稳定杆和下摆臂有无变形或裂纹。若存在变形或裂纹，应更换新件。

> **注意**
>
> 不允许在前悬架支承装置和导向装置部件上进行焊接和矫直修复，只能更换新件。
>
> 需要检查横向稳定杆的橡胶支座和橡胶衬套、下摆臂的前衬套和后衬套的损坏和老化情况，若损坏则需要及时更换。

② 检查下摆臂的下球铰，如损坏应更换件。

课题三 汽车行驶系统的构造与拆装

🔊 课题小结

本课题着重介绍了行驶系统的组成与作用、车架的作用及车架的构造形式、车桥的作用与分类，重点介绍了转向桥和转向驱动桥的结构，前轮定位及四轮定位调整常用的方法，车轮和外胎的结构，轮胎的作用和分类，悬架系统的作用、组成和类型，弹性元件的作用和类型，各种弹性元件的结构特点，减变器的构造及工作原理，悬架的检修。

思考与练习

一、填空题

1. 车桥有_____、_____两种。
2. 空气弹簧是以_____为弹性元件的弹簧形式。
3. 转向桥由_____、_____、_____和_____等主要部分组成。
4. 独立悬架按车轮的运动形式分成_____、_____、_____、_____、_____等几种。

二、判断题（对的打"√"，错的打"×"）

1. 传动轴的安装，应注意使两端万向节叉位于同一平面内。（ ）
2. 转向轮偏转时，主销随之转动。（ ）
3. 在良好路面行驶时，越野胎比普通胎耐磨。（ ）
4. 任何汽车的悬架都必须设置弹性元件、减变器和导向机构三部分。（ ）

三、选择题

1. 汽车减变器广泛采用的是（ ）。
   A. 单向作用筒式　　B. 双向作用筒式　　C. 阻力可调式　　D. 摆臂式
2. 外胎结构中起承受负荷作用的是（ ）。
   A. 胎面　　　　　　B. 胎圈　　　　　　C. 帘布层　　　　D. 缓冲层
3. 前轮前束是为了消除（ ）带来的不良后果。
   A. 车轮外倾　　　　B. 主销后倾　　　　C. 主销内倾　　　D. 以上均不正确
4. 越野汽车的前桥属于（ ）。
   A. 转向桥　　　　　B. 驱动桥　　　　　C. 转向驱动桥　　D. 支承桥

课题四

汽车转向系统的构造与拆装

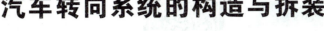

知识要求

1. 掌握转向系统的作用、组成及分类。
2. 掌握齿轮齿条式转向器的组成及工作原理。
3. 掌握循环球式转向器的基本结构、作用和工作原理。

技能要求

1. 掌握齿轮齿条式转向器的拆装方法。
2. 掌握循环球式转向器的拆装检修方法。
3. 能够对转向操纵机构进行拆装。

素养要求

1. 继续贯彻 6S 管理核心理念，内化于行，让 6S 管理贯彻工作任务始终；
2. 通过对转向系统总成不断拆检提升技能水平和效益质量，落实质量标准和要求，养成质量意识。
3. 通过拆装、检测和检验等任务实施中的难点突破，不断的促进学生锲而不舍、精益求精等工匠精神的养成。
4. 阅读维修手册等多种来源材料获取信息，解决实际动手操作中的问题。
5. 记录信息与观察、观测到结果，做出推理并得出总成件或零部件功能完好与否的判断或结论。
6. 熟知安全环保常识，有效地计划并实施各种活动，并在活动中不断养成安全环保意识，保证自己行为不会给自己、他人和环境带来危险和危害。

任务一　转向系统的认识

一、转向系统的作用

转向系统是控制转向轮偏转的一整套机构，其作用是根据汽车行驶需要，改变和恢复汽车的行驶方向。

131

二、转向系统的组成与分类

1. 转向系统的组成

转向系统的拆装

转向系统由转向操纵机构、转向器、转向传动机构三个主要部分组成,如图4-1所示。

驾驶员通过转动转向盘,将转向力矩输入给转向器,经转向器增大后的力矩传到转向传动机构,转向传动机构带动转向轮偏转,控制汽车行驶方向。

转向系统的形式有多种,但均由上述三个部分组成,不同之处在于是否采用动力转向系统以及转向器的形式。

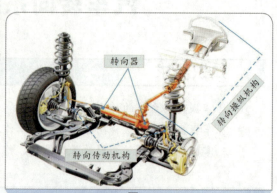
图4-1

(1)转向操纵机构

转向操纵机构是驾驶员用来操纵汽车转向系统的工作机构,由转向盘、转向轴、转向柱管等组成。

(2)转向器

转向器将转向盘的转动变为转向摇臂的摆动或齿条轴的直线往复运动,同时对系统输入的操纵力进行放大。转向器一般固定在汽车车架或车身上,转向操纵力通过转向器后一般还会改变传动力方向。

(3)转向传动机构

转向传动机构用于将转向器输出的力和运动传给转向车轮,并使转向桥的左、右侧车轮按一定的转角关系偏转。

2. 转向系统的分类

汽车转向系统按转向动力源的不同分为机械转向系统和动力转向系统两大类,如图4-2所示。

(a)机械转向系统　　(b)动力转向系统

图4-2

①机械转向系统是以驾驶员体力作为转向能源的转向系统,其中所有传动件都是机械的。

②动力转向系统是兼用驾驶员的体力和发动机动力为转向动力的转向系统,它是在机械转向系统的基础上加设一套转向动力装置而形成的。

任务二　齿轮齿条式转向器的构造与拆装

一、齿轮齿条式转向器的构造与工作原理

齿轮齿条式转向器

齿轮齿条式转向器以齿轮和齿条传动作为传动机构，它主要由转向器壳体、转向齿轮、转向齿条等组成，如图4-3所示，转向器通过转向器壳体的两端用螺栓固定在车身（车架）上。当转动转向盘和转向轴时，由于齿轮与齿条上的齿啮合，使得齿条在壳体内左右移动，同时使得转向传动机构中的其他杆件运动，并带动前轮偏转。

齿轮齿条式转向器结构简单，传动效率高，操纵轻便，质量轻；由于不需要转向摇臂和转向直拉杆，还使转向传动机构得以简化。齿轮齿条式转向器适合与麦弗逊式独立悬架配用，常用于轿车、微型货车和轻型货车。根据横拉杆位置的不同，齿轮齿条式转向器又分为中间输出式和两端输出式。

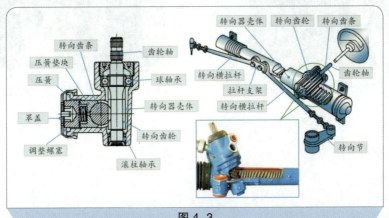
图4-3

转向横拉杆

二、齿轮齿条式转向器的拆装

1. 齿轮齿条式转向器的拆卸

转向器分解

 步骤1

将助力转向储油罐中的油液放尽，如图4-4所示。

 步骤2

将汽车举升到一定高度。拆卸助力泵上的固定螺钉，如图4-5所示。

课题四 汽车转向系统的构造与拆装

图 4-4

图 4-5

步骤 3

拆卸助力泵的防撞罩，如图 4-6 所示。

步骤 4

拆卸助力泵带轮，如图 4-7 所示。

图 4-6

图 4-7

步骤 5

取下助力泵，如图 4-8 所示。

步骤 6

分离左右下摆臂与前悬架，如图 4-9 所示。

图 4-8

图 4-9

步骤 7

将维修托架移至汽车前横梁中下方，如图 4-10 所示。

任务二 齿轮齿条式转向器的构造与拆装

◆ 步骤 8

拆下横梁与底盘的紧固螺钉，如图 4-11 所示。

图 4-10

图 4-11

◆ 步骤 9

缓缓放下转向机构与前横梁总成，如图 4-12 所示。

◆ 步骤 10

从前悬架横梁上拆下转向机，如图 4-13 所示。

图 4-12

图 4-13

◆ 步骤 11

拆下转向机护罩，如图 4-14 所示。

◆ 步骤 12

拆下驱动轴防护套，如图 4-15 所示。

图 4-14

图 4-15

135

课题四 汽车转向系统的构造与拆装

> **步骤 13**

旋下驱动轴与转向机的连接螺栓，如图 4-16 所示。

> **步骤 14**

取出驱动轴，如图 4-17 所示。

> **步骤 15**

取出垫圈，如图 4-18 所示。

图 4-16

图 4-17

图 4-18

2. 齿轮齿条式转向器的安装

按照拆卸过程的相反顺序安装。

三、齿轮齿条式转向器的检修

1. 齿轮、齿条的检修

①检查主动齿轮端头及衬套的磨损情况，如磨损严重时应更换。
②检查齿条各部的磨损情况，如有缺齿应更换。
③齿轮、齿条在总成修理时应进行隐伤检查，齿条的直线度误差不得大于 0.30mm；若齿面无疲劳损坏但出现左右大转角转向沉重且无法调整时，应予以更换。

2. 转向器的调整

①安装调整螺塞和油封，调整转向齿轮轴承的预紧度。手感应从无轴向窜动、转动自如为宜。转向齿轮的转向力矩应符合原厂规定，一般约为 0.5N·m。
②安装齿条衬套时，转向齿条与衬套之间的间隙不得大于 0.15mm。
③齿轮、齿条啮合间隙调整，实际上也是齿条预紧力的调整。由于结构的差异，调整方法有所不同，一般有两种调整方法：一是改变齿条导块和盖之间的垫片厚度来调整转向齿轮和转向齿条的啮合深度，完成预紧力的调整；另一种方法是用盖上的调整螺塞改变齿条导块和弹簧座之间的间隙来完成齿轮、齿条啮合间隙的调整。

任务三　循环球式转向器的构造与拆装

一、循环球式转向器的构造与工作过程

循环球式转向器中一般有两级传动副，其中，转向螺杆和转向螺母构成第一级传动副；转向螺母的一个平面上加工出齿条，与转向摇臂轴（也叫齿扇轴）上的齿扇相啮合，构成第二级传动副（如图4-19所示）。转向螺母既是第一级传动的从动件，也是第二级传动的主动件。转向盘带动转向螺杆左右转动，转向螺母跟着前后移动，随着转向螺母的前后移动，带动转向摇臂轴摆动。转向摇臂轴直接与转向摇臂连接，后者控制着转向传动机构的运动。

循环球式转向器常用于各种轻型和中型货车，也用于部分轻型越野汽车。

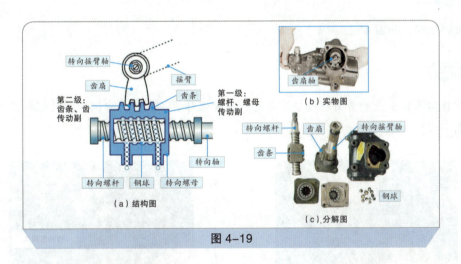

图4-19

二、循环球式转向器的拆装

1. 循环球式转向器的拆卸

 步骤1

旋出紧固螺母和弹性垫圈，拆下转向垂臂，如图4-20所示。

137

课题四 汽车转向系统的构造与拆装

> **注意**
>
> 拆转向垂臂时，用铜棒和锤向外顶出后再取下。

步骤 2

拆下转向器外围附件、电磁开关等，如图 4-21 所示。

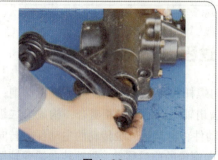
图 4-20

图 4-21

步骤 3

旋出调压阀，如图 4-22 所示。

步骤 4

拧下转向器侧盖上的紧固螺栓，将中间的锁紧螺母拆下，并将中间的锁紧螺柱旋入壳体内部，如图 4-23 所示。

图 4-22

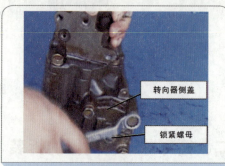
图 4-23

转向器侧盖

锁紧螺母

步骤 5

用铜锤或铜棒轻轻敲击转向摇臂轴外端，拆下侧盖和转向摇臂轴，如图 4-24 所示。

> **注意**
>
> 取出摇臂轴外盖时不要碰伤油封。

步骤6

拧下紧固螺栓，取下转向器底盖，如图4-25所示。

图4-24

图4-25

步骤7

拆下导管夹，取下钢球导管，如图4-26所示。

步骤8

握住螺母，慢慢地转动螺杆，排出全部钢球，如图4-27所示。

图4-26

图4-27

步骤9

拆卸螺杆紧固螺母的锁紧螺母，如图4-28所示。

步骤10

用专用工具旋出螺杆紧固螺母，并取出转向螺杆，如图4-29所示。

图 4-28

图 4-29

步骤 11

取出轴承，如图 4-30 所示。

步骤 12

用卡钳取出另一端的卡环，并依次取出油槽、垫圈及轴承，如图 4-31 和图 4-32 所示。

图 4-30

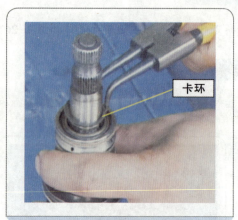

图 4-31

2. 循环球式转向器的安装

按照拆卸过程的相反顺序安装。

图 4-32

三、循环球式转向器的检修

（1）转向器壳体的检修

①检查转向器壳体和侧盖，若出现严重裂纹则需要更换；若裂纹不严重，可用粘补法修复。
②检查壳体及盖的平面度。其接合面的平面度误差应不大于 0.10mm，否则应修磨平整。
③当摇臂轴轴承孔中心线与螺杆中心线垂直度公差超过极限值（公差 0.04～0.06mm），两轴线轴心距过大时（公差为 0.10mm），会引起转向沉重，同时减少了传动副间隙可调整的次数，缩短转向器的使用寿命。可以利用镗模镗削摇臂轴衬套，并校正两衬套的同轴度和两轴线垂直度与轴心距。

（2）转向螺杆及螺母的检修

①检查转向螺杆、螺母，若有裂纹存在应更换新件，钢球滚道应无剥落、脱层或能感觉到的压坑。
②用百分表在 V 形铁上测量螺杆轴径对中心的跳动量，不得大于 0.08mm，否则应校正。
③检查钢球的规格、数量应符合原厂规定，其直径差不得大于 0.01mm，与滚道配合间隙应不大于 0.05mm。若钢球磨损、剥落，与滚道间隙达到 0.10mm 以上，则应成组更换。
④检查钢球导管，如破裂或导管舌头部位损伤，应更换。
⑤检查轴承轴颈磨损，可电镀修复，螺母齿条若有剥落和严重损伤应更换。

（3）转向摇臂轴的检修

①检查转向螺杆、螺母，若有裂纹存在应更换新件，钢球滚道应无剥落、脱层，用磁力探伤法检查裂纹。转向摇臂轴不得有任何性质的裂纹存在，若有裂纹应更换，不许焊修。
②检查端部的花键和螺纹。若花键有明显的扭曲，应更换新件；螺纹损伤两牙以上，应更换或堆焊车削后套螺纹修复。
③检查齿扇有无剥落和点蚀。若有轻微剥落和点蚀，可用油石将剥落、点蚀处磨平后使用；若严重剥落、变形，应更换。
④支承轴颈磨损超过极限时，可刷镀或喷焊修复。

（4）轴承及油封的检修

①检查轴承滚道表面，如有裂痕、压坑、剥落或保持架扭曲变形，应成套更换新件。
②检查钢球或滚针，如有磨损、剥落或碎裂，应成套更换新件。
③检查转向摇臂轴油封和转向螺杆油封刃口，若有损坏或油封橡胶老化，应更换新件。

课题四 汽车转向系统的构造与拆装

（5）转向器的调整

使转向器处于中间位置（直行位置），调整调整螺钉，使啮合间隙为零；转向器处于中间位置时，转向器的转动力矩应为 1.5～2.0N·m，调整好后，按规定力矩锁紧调整螺钉；安装摇臂时，要注意使摇臂与摇臂轴两者的记号对正，摇臂锁紧螺母应紧固可靠。

任务四　转向操纵机构的构造与拆装

一、转向操纵机构的组成与构造

汽车转向操纵机构包括转向盘、转向盘柱（包括转向轴和转向柱）等。

1. 转向盘

转向盘用于产生转向操纵力，主要由盘圈、轮辐和盘毂组成。轮辐一般有三或四根辐条，如图 4-33 所示。转向盘上还安装有安全气囊、汽车扬声器按钮及控制转向灯开关等，以方便驾驶员操作。

图 4-33

2. 转向盘柱

转向盘柱包括转向轴和转向柱管。转向轴将驾驶员作用于转向盘的转向操纵力传给转向器的传力轴。转向轴通过轴承支撑于转向柱管，转向柱管固定在车身上。转向轴上部与转向盘固定连接，下部装有转向器。转向轴与转向器连接的方式有两种：一种是与转向器的输入轴直接连接，另一种是通过十字轴万向节或柔性万向节间接与转向器的输入轴相连接。

现代汽车的转向轴除装有挠性万向节外，有的还装有能改变转向盘工作角度和转向盘高度的机构，以方便不同体形驾驶员的操纵。图 4-34 为一种转向倾斜角度调整机构。转向管柱上、下端分别通过倾斜调整支架、下托架与车身相连。锁紧螺栓穿过调整支架上的长孔和转向管柱上的圆孔后将两者相连。调整时，向下扳下手柄，锁紧螺栓被缓松，可在调整支架上的长孔中移动，转向柱管以下托架上的枢轴为中心上下移动。确定了合适位置后，向上扳起调整手柄，将转向盘定位。

课题四 汽车转向系统的构造与拆装

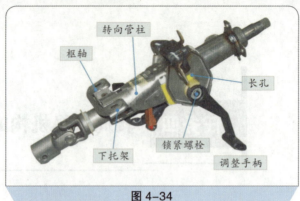

图 4-34

二、转向操纵机构的拆装

下面以通用五菱之光汽车为例,讲解动力转向系统的拆装。

转向盘的拆装

方向盘与转向柱的拆卸

1. 转向操纵机构的拆卸

步骤 1

拆下转向盘装饰盖及转向轴螺母,取下转向盘,如图 4-35 所示。

步骤 2

拆下组合开关的上罩和下罩的连接螺钉,如图 4-36 所示。

图 4-35

图 4-36

步骤 3

拆下组合开关的线束插头,如图 4-37 所示。

任务四　转向操纵机构的构造与拆装

步骤 4

取下组合开关的上罩和下罩，拧下转向轴管上部托架的螺栓，如图 4-38 所示。

图 4-37

图 4-38

步骤 5

拧下转向轴管下部托架的螺栓，如图 4-39 所示。

步骤 6

拔下点火开关线束插头，如图 4-40 所示。

图 4-39

图 4-40

步骤 7

用工具拧下万向节接头固定螺栓，然后拆下转向轴管及转向轴上轴，如图 4-41 所示。

145

课题四 汽车转向系统的构造与拆装

图 4-41

2. 转向操纵机构的安装

按照拆卸过程的相反顺序安装。

任务五　动力转向系统的认识

一、动力转向系统的组成

动力转向系统是在机械式转向系统的基础上增加一套助力装置。动力转向系统按照传递能量的介质不同，可以分为液压式和气压式两种。液压式动力转向系统在各类汽车上应用广泛，这里主要讲液压式动力转向系统。

液压式动力转向系统包括转向盘、转向管柱、动力转向器、转向油泵、转向减振器、转向摇臂、油罐及油管等，如图4-42所示。

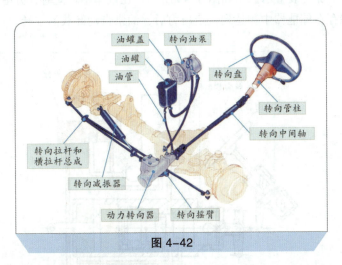

图 4-42

二、动力转向系统的分类

1. 按液流形式分类

液压式动力转向系统按液流形式可以分为常流式和常压式。

（1）常流式

常流式液压转向加力装置示意图如图4-43所示。在汽车不转向时，系统内工作油压较低，分配阀中的滑阀在中间位置，油路保持畅通，即油液从油罐吸入油泵，又被油泵排出，经分配阀回到油罐，处于常流状态。

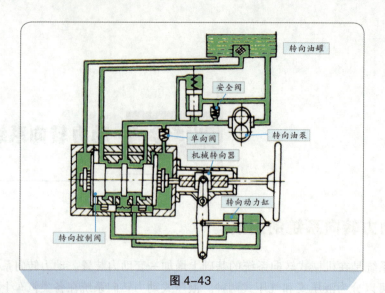

图 4-43

（2）常压式

常压式液压转向加力装置示意图如图 4-44 所示。在汽车不转向时，分配阀总是关闭的。油泵排出的高压油储存在储能器中，达到一定压力后，油泵自动卸载而空转。

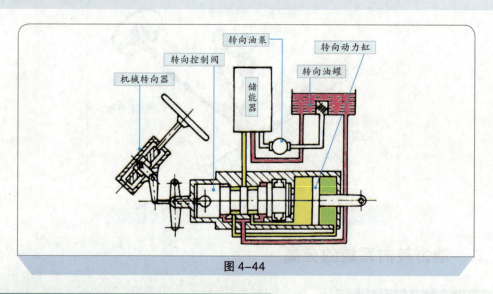

图 4-44

2. 按各元件之间的相互位置分类

按机械式转向器、转向动力缸和转向控制阀三者在转向装置中的相互位置，液压式动力转向系统可分为整体式和分开式两种。整体式即把机械式转向器、转向动力缸和转向控制阀三者设计为一体。

3. 按转向控制阀的运动方式分类

液压式动力转向系统按转向控制阀的运动方式又可分为滑阀式和转阀式两种。

三、动力转向系统的主要部件

1. 转向油泵

转向油泵是液压助力转向系统的供能装置。转向油泵将发动机的机械能变为驱动转向动力缸工作的液压能,再由转向动力缸输出受控制的转向力驱动转向车轮转向。转向油泵有齿轮式、叶片式和转子式等,如图4-45所示。下面以目前应用较多的是叶片式转向油泵为例进行讲解。

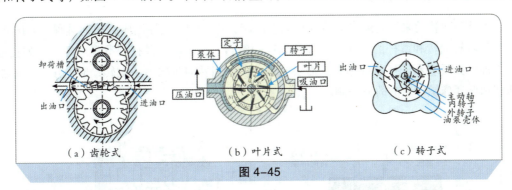

图 4-45

叶片式转向油泵主要由转子、定子、叶片和前壳体、后壳体等组成,分解图如图4-46所示。转子上开有均匀分布槽,叶片安装在转子槽内,并可在槽内滑动。定子内表面为由两段大半径的圆弧、两段小半径的圆弧和过渡圆弧组成的腰形结构。转子和定子同圆心。转子在传动轴的带动下旋转,叶片在离心力和动压作用下紧贴定子表面,并在槽内做往复运动。相邻的叶片之间形成密封腔,其容积随转子由小到大、由大到小周期变化。当容积由小变大时,形成一定真空度吸油;当容积由大变小时,压缩油液,由压油口向外供油。转子每旋转一周,每个工作腔各自吸、压油两次,称双作用。双作用式叶片泵的两个吸油区、两个排油区对称布置,所以作用在转子上的油压作用力互相平衡。

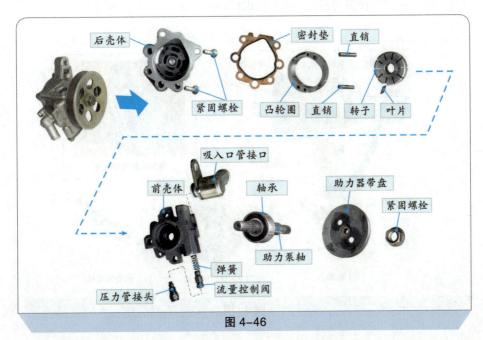

图 4-46

2. 转向控制阀

转向控制阀直接安置在动力转向器总成中。控制阀的作用是引导压力油到活塞和循环球螺母总成的一侧或另一侧。当转动转向盘时，控制阀就打开相应的通道，使压力油进入活塞和循环球螺母总成需要压力油的一侧。通常采用的控制阀有两种类型：滑阀式控制阀和转阀式控制阀。

（1）滑阀式控制阀

阀体沿轴向移动来控制油液流量的转向控制阀，称为滑阀式控制阀，简称滑阀，如图 4-47 所示。随着转向盘和螺杆的转动，与螺杆相连的滑阀前后移动，并打开滑阀内部一系列孔道，让压力油流到活塞和循环球螺母总成需要它的一侧。当转向盘向另一侧转动时，压力油就被送到活塞和循环球螺母总成的另一侧。

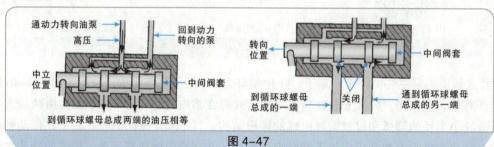

图 4-47

（2）转阀式控制阀

阀体绕其轴线转动来控制油液流量的转向控制阀，称为转阀式控制阀，简称转阀。转阀式控制阀的结构图、横向剖视图与纵向剖视图如图 4-48 所示。

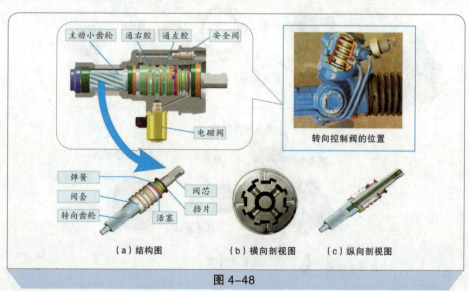

图 4-48

转阀式控制阀的工作原理：汽车直线行驶时，阀芯与阀套的位置关系如图 4-49（a）所示。来自油泵的压力油流向左、右动力缸及回油缸，左、右动力缸油压相等，汽车保持直线行驶。驾驶员转动方向盘时，随着阀芯转动，不同孔道被打开或者关闭，以便使压力油流到活塞总成需要的一侧；如果转向盘向相反方向转动，压力油流到活塞总成的另一侧。图 4-49（b）为汽车右转向时转阀式控制阀的工作过程示意图；图 4-49（c）为汽车左转向时转阀式控制阀的工作过程示意图。

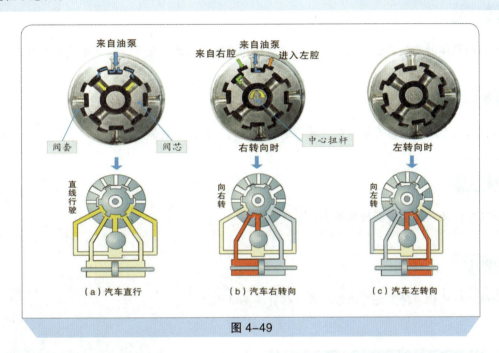

图 4-49

3. 转向油罐

转向油罐的作用主要是储存、滤清并冷却液压转向加力装置的工作油液。转向油罐一般是单独安装的，但也有直接装在转向油泵上的。转向油罐的结构示意图如图 4-50 所示。

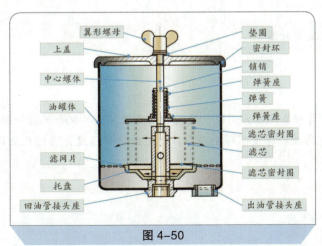

图 4-50

四、动力转向系统的检修

1. 动力转向器零件的检修

动力转向器零件的检修步骤如下：

步骤1

滑阀和阀体的定位孔出现裂纹、明显的磨损或滑阀在阀体内发卡，应该更换阀体组件。

步骤2

输入轴配合表面不得有明显的磨痕、划伤和毛刺，否则应更换。

步骤3

修理时，必须更换所有的橡胶类密封件。

步骤4

壳体上的球堵、堵盖之类的密封件不得有渗漏现象。

2. 转向油泵的检修

转向油泵的检修步骤如下：

步骤1

更换油封和橡胶类密封圈。

步骤2

检查叶片与转子滑槽表面应无划痕、烧灼和疲劳破坏；其配合间隙一般不大于0.035mm；叶片磨损后的长度、高度和厚度不得小于原厂规定的使用限度，否则应更换叶片和总成，叶片的测量如图4-51所示。

任务五　动力转向系统的认识

图 4-51

步骤 3

转子轴颈配合间隙为 0.03～0.05mm，间隙过大时，应视情况更换轴承。

步骤 4

转子与凸轮环配合间隙约为 0.06mm。工作面要光滑，无疲劳损坏等缺陷。转子与凸轮环一般配对使用，成对更换。

步骤 5

带轮有缺陷或因其他原因而丧失平衡性能之后，应更换。

步骤 6

流量控制阀弹簧的弹力或自由长度应符合原厂规定，并检查流量控制阀球阀的密封性能。

五、动力转向系统常见故障的检修

1. 转向系统有噪声

故障现象

转向时转向系统有很大的噪声。

故障原因分析

①液压系统渗入空气。
②油泵磨损严重或损坏。

③液压回路堵塞或油罐滤网堵塞。
④转向控制阀性能不良。
⑤油管接头松动或油管破裂。

故障诊断与排除

①排除液压系统内的空气。
②更换油泵。
③修复（疏通）液压回路，更换油罐滤网。
④更换转向控制阀。
⑤拧紧油管接头，更换新油管。

2. 转向沉重

故障现象

装备液压动力转向系统的汽车，在行驶过程中突然感到转向沉重，转弯后转向盘不能自动回位。

故障原因分析

①泵的V带松动或打滑。
②转向油罐油面过低。
③轮胎充气不当。
④转向器泄漏大。
⑤流量控制阀卡住。
⑥油泵磨损。
⑦液压回路渗入空气。
⑧动力缸或转向控制阀密封损坏。

故障诊断与排除

①重新调整V带松紧度。
②加油到规定油面，如油面过低，则需要检查管路和接头。
③按规定气压充气。
④对整个动力系统进行测试，然后采取相应措施。

3. 左右转向轻重不同

故障现象

汽车行驶时，左右两侧的操纵力大小不等。

故障原因分析

①控制阀的阀芯偏离中间位置或阀体与槽肩缝隙的大小不一致。
②控制阀内有污物，导致左右转向阻力不同。
③液压系统的动力缸油腔进空气。
④油路漏损。

故障诊断与排除

①更换控制阀或调整阀芯位置。
②检查并换控制阀内新油。
③对液压系统进行排气。
④检查油路泄漏部位，更换泄漏部件。

课题四 汽车转向系统的构造与拆装

课题小结

本课题重点介绍了转向系统的作用、组成及分类,机械转向器、操纵机构、传动机构的作用、组成及工作原理,动力转向系统的拆装与检修方法,动力转向系统常见故障的诊断与排除方法。

思考与练习

一、填空题

1. 汽车转向系统按转向动力源的不同分为_____和_____。
2. 转向传动机构的作用是将_____输出的转矩传给转向轮,以实现_____。
3. 汽车动力转向机构按传能介质分为_____和_____两种。
4. 转向系统的传动比对转向系统_____影响较大。

二、判断题（对的打"√",错的打"×"）

1. 采用动力转向系统的汽车,当转向加力装置失效时,汽车也就无法转向了。（　　）
2. 转向横拉杆体两端螺纹的旋向一般均为右旋。（　　）

三、选择题

1. 转向轴一般由一根（　　）制造。
   A. 无缝钢管　　　　　　　　　　　B. 实心轴
   C. 低碳合金钢材料的轴　　　　　　D. 高碳合金钢材料的轴
2. 采用齿轮、齿条式转向器时,不需（　　）,所以结构简单。
   A. 转向节臂　　B. 转向摇臂　　C. 转向直拉杆　　D. 转向横拉杆
3. 汽车在不转向时,液压式动力转向系统内工作油是高压油,而分配阀又处于关闭状态,这种液压转向助力器为（　　）。
   A. 常流式　　　B. 常压式　　　C. 混合式　　　D. 变压式
4. 下列因素中,造成汽车转向沉重的原因是（　　）。
   A. 蜗杆与滚轮啮合间隙过大　　　　B. 蜗杆与滚轮啮合间隙过小
   C. 蜗杆上下轴承间隙过大　　　　　D. 转向传动机构松旷
5. 循环球式转向器中的转向螺母可以（　　）。
   A. 转动　　　　B. 轴向移动　　　C. A、B均可　　　D. A、B均不可

课题五

汽车制动系统的构造与拆装

知识要求

1. 了解汽车制动系的组成、作用与分类。
2. 掌握鼓式制动器的结构与工作原理。
3. 掌握盘式制动器的结构与工作原理。
4. 掌握盘式制动器、鼓式制动器的检修方法。
5. 熟悉液压制动传动装置的组成与工作原理。
6. 掌握液压制动传动装置的检修方法。

技能要求

1. 会对盘式制动器进行拆装与检修。
2. 会对鼓式制动器进行拆装与检修。
3. 掌握制动传动装置的拆装方法。

素质要求

1. 注重6S管理核心理念，内化于行，让6S管理贯彻工作任务始终。
2. 通过对制动系统总成不断拆检提升技能水平和效益质量，落实质量标准和要求，养成质量意识。
3. 通过拆装、检测和检验等任务实施中的难点突破，不断的促进学生锲而不舍、精益求精等工匠精神的养成。
4. 阅读维修手册等多种来源材料获取信息，解决实际动手操作中的问题。
5. 记录信息与观察、观测到结果，做出推理并得出总成件或零部件功能完好与否的判断或结论。
6. 熟知安全环保常识，有效地计划并实施各种活动，并在活动中不断养成安全环保意识，保证自己行为不会给自己、他人和环境带来危险和危害。

课题五 汽车制动系统的构造与拆装

任务一 制动系统的认识

一、制动系统的作用

汽车制动系统的作用是根据需要使行驶中的汽车减速或在最短距离内停车,使下坡行驶的汽车车速稳定,使已停驶的汽车在各种道路条件下稳定驻车。

二、制动系统的组成与分类

制动系统概述

防抱死制动系统组件

1. 制动系统的组成

任何制动系统都具有以下四个基本组成部分。

(1)供能装置

供能装置包括供给、调节制动所需能量以及改善传能介质状态的各种部件。其中,产生制动能量的部分称为制动能源。人的肌体亦可作为制动能源。

(2)控制装置

控制装置包括产生制动动作和控制制动效果的各种部件,如制动踏板。

(3)传动装置

传动装置包括将制动能量传输到制动器的各个部件,如制动主缸、轮缸。

(4)制动器

制动器是产生阻碍车辆的运动或运动趋势的力(制动力)的部件,其中包括辅助制动系统中的缓速装置。较为完善的制动系统还具有制动力调节装置、报警装置、压力保护装置等附加装置,如图5-1所示。

2. 制动系统的分类

（1）按制动系统的作用分类

①行车制动系统：使行驶中的汽车减速或停车，如图 5-2 所示。

②驻车制动系统：使停驶的汽车驻留原地不动。

③应急制动系统：在行车制动系统失效后使用的制动系统。

④辅助制动系统：增设的制动装置，以适应山区行驶及特殊用途汽车需要。

5-1

（2）按制动系统的制动能源分类

①人力制动系统：以驾驶员的肌体作为制动能源的制动系统。

②动力制动系统：完全靠由发动机的动力转化而成的气压或液压形式的势能进行制动的制动系统。

③伺服制动系统：兼用人力和发动机动力进行制动的制动系统。

5-2

（3）按制动能量的传输方式分类

①机械系统：以机械传输制动能量的制动系统。
②液压系统：以液压传输制动能量的制动系统。
③气压系统：以气压传输制动能量的制动系统。
④电磁系统：以电磁力传输制动能量的制动系统。
⑤组合系统：以多种方式传输制动能量的综合制动系统。

（4）按制动回路分类

①单回路制动系统：全车制动用一条制动回路的制动系统。
②双回路制动系统：全车制动用两条制动回路的制动系统。

制动回路的分配

任务二　盘式制动器的构造与拆装

一、盘式制动器概述

大部分汽车采用了前盘后鼓式制动器，不过高级轿车中的前后轮都采用了盘式制动器。盘式制动器如图 5-3 所示。

图 5-3

制动片

如图 5-4 所示，盘式制动器采用两个制动片和一个制动盘来产生使车辆制动所必要的摩擦力。

盘式制动系统的活塞安装在制动钳里或固定在制动钳上，制动钳不转动，因为它与汽车底盘相连接。

制动压力垂直作用于转动的制动盘上，如图 5-5 所示。与鼓式制动器不同，盘式制动器没有自增力作用，也就是说，盘式制动器需要比鼓式制动器更大的作用力才能达到同样的制动效果。因此，盘式制动器通常应用于助力制动系统。

由制动盘和制动钳组成的制动器称为钳盘式制动器。钳盘式制动器按制动钳固定在支架上的结构形式又可分为定钳盘式和浮钳盘式两类。

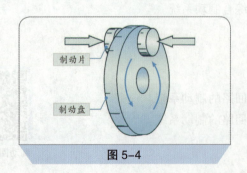

图 5-4

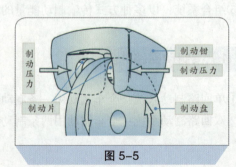

图 5-5

1. 定钳盘式制动器

定制动钳总成直接安装在车架或转向节上，每个制动片由一个活塞推动。定钳盘式制动器的工作原理如图 5-6 所示。

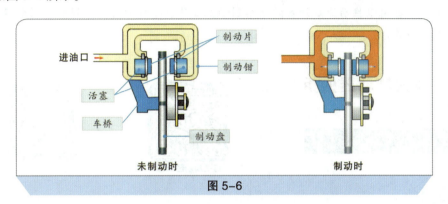

图 5-6

制动盘固定在轮毂上。制动钳定在车桥上，它不能旋转，也不能沿制动盘轴线方向移动。制动钳内装两个轮缸活塞，分别压住制动盘两侧的制动块。

制动时，制动油液由制动总泵（制动主缸）经进油口进入钳体中两个相通的液压腔中，将两侧的制动块压向与车轮固定连接的制动盘，从而产生制动。

2. 浮钳盘式制动器

在浮钳盘式制动器中，制动钳的壳体允许在支架上轻微滑动。只有一侧有活塞，另一侧只有一个摩擦制动片。浮钳盘式制动器的工作原理如图 5-7 所示。

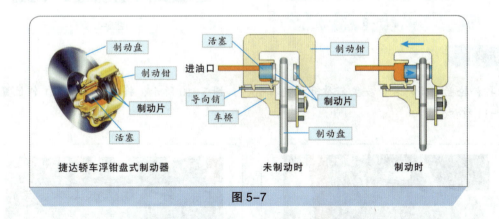

图 5-7

制动时，液压油通过进油口进入制动油缸，推动活塞及其上的摩擦块向右移动，并压到制动盘上，并使得油缸连同制动钳体整体沿销钉向左移动，直到制动盘右侧的摩擦块也压到制动盘上夹住制动盘并使其制动。

课题五 汽车制动系统的构造与拆装

> **浮钳盘式制动器的优点**
>
> 与定钳盘式制动器相比,浮钳盘式制动器的轴向尺寸和径向尺寸更小,而且制动液受热汽化的机会较少。此外,浮钳盘式制动器在兼充行车和驻车制动器的情况下,只需在行车制动钳油缸附近加装一些用以推动油缸活塞的驻车制动机械传动零件即可。浮钳盘式制动器逐渐取代了定钳盘式制动器。

二、盘式制动器的拆装

1. 盘式制动器的拆卸

盘式制动器拆卸

盘式制动器的拆卸与安装

步骤 1

停放好车辆,拉起驻车制动,如图 5-8 和图 5-9 所示。

图 5-8

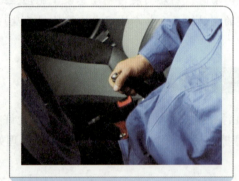

图 5-9

步骤 2

拧松轮胎固定螺栓,安置好举升机支撑臂,如图 5-10 所示,将举升机升至工作位置,如图 5-11 所示。

图 5-10

图 5-11

任务二　盘式制动器的构造与拆装

步骤 3

拆下轮胎螺栓，取下轮胎，如图 5-12 和图 5-13 所示。

图 5-12

图 5-13

步骤 4

拆下制动分泵固定螺栓，如图 5-14 所示。

图 5-14

步骤 5

向上拉起制动分泵，用挂钩固定好，如图 5-15 所示。

图 5-15

163

课题五 汽车制动系统的构造与拆装

步骤6

取出制动片，如图5-16所示。

图5-16

步骤7

拆卸分泵固定螺栓，取下支架，如图5-17和图5-18所示。

图5-17

图5-18

步骤8

拆下制动盘固定螺栓，取下制动盘，如图5-19和图5-20所示。拆卸完毕。

图5-19

图5-20

2. 盘式制动器的安装

按拆卸过程的相反顺序安装。

三、盘式制动器的检修

1. 制动钳及活塞的检修

步骤 1

检查缸体内表面是否有划伤、腐蚀、磨损、损坏或出现异物，如果出现任何上述情况应更换缸体。

步骤 2

腐蚀及异物所造成的小损伤可用细金刚砂纸打磨内表面来消除，必要时更换缸体。

步骤 3

检查活塞是否有划伤、腐蚀、磨损、损坏或出现异物，如果出现上述任何一种情况应更换活塞。

注意

如果活塞滑动表面有电镀层，即使表面已腐蚀或粘有异物也不要用金刚砂纸打磨。

2. 滑动销钉、销钉螺栓和销钉防尘套的检修

检查是否出现磨损裂纹或其他损坏，如果出现上述情况应予以更换。

3. 制动盘的检修

步骤 1

检查制动盘摩擦面是否有粗糙裂纹或剥落。

步骤 2

使用百分表测量其端面跳动量（如图5-21所示）。至少使用两个螺母将制动盘紧固在轮毂上，测量前确认车轮轴承轴向间隙应在规定值以内，其最大跳动量应为0.07mm。若跳动量超出规定值，可用车床车削制动盘。

图 5-21

> 步骤 3

用游标卡尺检查制动盘的厚度,若厚度超过极限,必须更换新件,如图 5-22 所示。

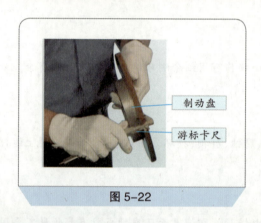

图 5-22

4. 制动片厚度的检查

若制动片已拆下,可直接用直尺或游标卡尺测量。若制动片厚度小于使用限度或磨损不均,应更换。在未拆下时,外制动衬片可通过轮辐上的孔检查其厚度,或拆下车轮后检查,如图 5-23 所示。

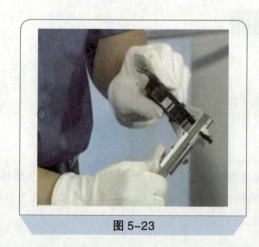

图 5-23

任务三　鼓式制动器的构造与拆装

一、鼓式制动器的分类

1. 按制动蹄促动装置的形式分类

鼓式制动器工作原理

鼓式制动器按制动蹄促动装置的形式可分为轮缸式车轮制动器和凸轮式车轮制动器，前者以液压轮缸作为制动蹄促动装置（如图 5-24 所示），后者以凸轮作为促动装置（如图 5-25 所示）。凸轮式车轮制动器一般用在气压制动系统的汽车上，而且大多设计成领从蹄式。

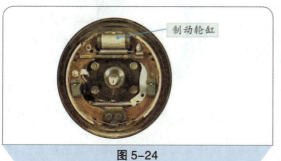

图 5-24

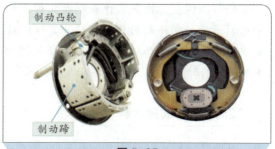

图 5-25

2. 按制动蹄的受力情况不同分类

鼓式制动器按制动蹄的受力情况不同可分为领从蹄式（轮缸促动、凸轮促动）、双领蹄式（双向作用、单向作用）、自动增力式等。

（1）领从蹄式制动器

领从蹄式制动器如图 5-26 所示，制动蹄促动装置为一双活塞轮缸，制动蹄在弹簧拉力作用下与轮缸活塞靠紧。两个制动蹄各有一个支点，一个蹄在轮缸促动力作用下张开时的旋转方向与制动鼓的旋转方向一致，称为领蹄；另一个蹄张开时的旋转方向与制动鼓的旋转方向相反，称为从蹄。领蹄在摩擦力的作用下，蹄和鼓之间的正压力较大，制动作用较强。从蹄在摩擦力的作用下，蹄和鼓之间的正压力较小，制动作用较弱。

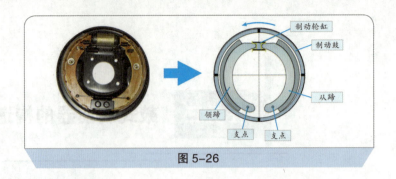

图 5-26

（2）双领蹄式制动器

双领蹄式制动器又分为单向双领蹄式和双向双领蹄式两种。

单向双领蹄式制动器

单向双领蹄式制动器（如图 5-27 所示）的两个制动蹄各用一个单向活塞制动轮缸，且前后制动蹄与其轮缸、调整凸轮等零件在制动底板上的布置是中心对称的，两轮缸用油管连接。其性能特点是：前进制动时两蹄均为"领蹄"，有较强的增力；倒车制动时两蹄均为"从蹄"，制动力较小。

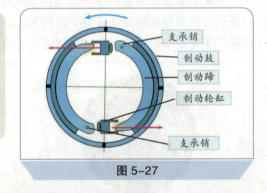

图 5-27

双向双领蹄式制动器

双向双领蹄式制动器（如图 5-28 所示）使用了两个双活塞轮缸，制动蹄、制动轮缸、回位弹簧均成对地对称布置，两个制动蹄的两端采用浮式支承，且支点在径向位置浮动，用回位弹簧拉紧。其性能特点是：汽车前进或倒车中制动时，两个制动蹄均为"领蹄"，均有较强的增力，制动效果好，蹄片磨损均匀。

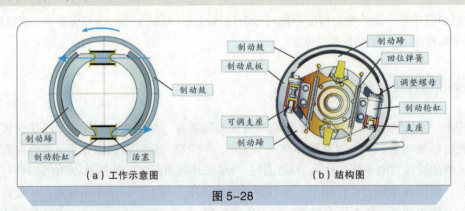

图 5-28

（3）自动增力式制动器

自动增力式制动器又分为单向自增力式制动器和双向自增力式制动器。

单向自增力式制动器

单向自增力式制动器（如图5-29所示）是两个制动蹄只有一个单活塞的制动轮缸，第二制动蹄的促动力来自第一制动蹄对顶杆的推力，两个制动蹄在汽车前进时均为领蹄，但倒车制动时，第一制动蹄虽为领蹄，但因制动力臂大为减少，而第二制动蹄则不起制动作用，故制动效能很低。

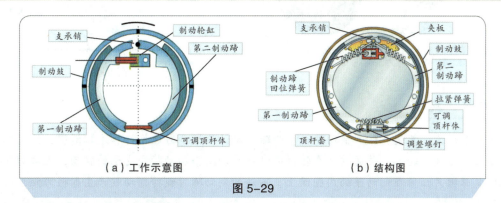

图 5-29

双向自增力式制动器

双向自增力式制动器（如图5-30所示）采用一个双活塞轮缸；两个制动蹄上端贴靠在一个支承销上，下端分别浮支在浮动的顶杆的两端。其工作特点是：制动鼓正向和反向旋转时均能借蹄与鼓的摩擦起自动增力作用；其制动效能高，且制动效能对称。

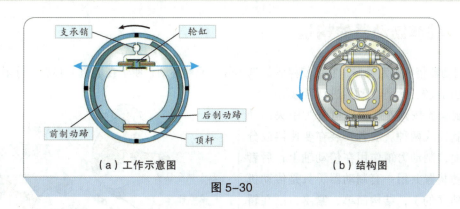

图 5-30

二、鼓式制动器的结构及工作原理

鼓式制动器有一个铸造的制动鼓，制动鼓由螺栓连接在车轮上并随车轮转动。在制动鼓内，有一组制动蹄安装在制动底板上。其他的部件也安装在制动底板上，包括制动轮缸（或制动凸轮）、制动蹄及制动鼓等，如图5-31所示。

鼓式制动器（如图5-32所示）的工作原理如下：

制动系统不工作时

制动鼓与制动蹄之间保持一定的间隙，车轮和制动鼓可自由旋转。

图 5-31

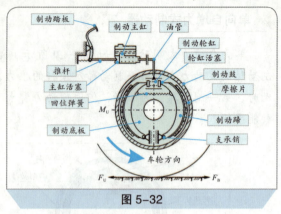

图 5-32

> 制动时

要汽车减速，驾驶员踩下制动踏板。脚踏下制动踏板，通过推杆和主缸活塞，使主缸油液在一定压力下流入轮缸，并通过两个轮缸的活塞推动两个制动蹄绕支承销转动，上端向两边分开而以其摩擦片压紧在制动鼓的内圆面上。不转的制动蹄对旋转制动鼓产生摩擦力矩，从而产生制动力。

> 解除制动时

当放开制动踏板时，制动蹄回位弹簧即将制动蹄拉回原位，摩擦力矩和制动力消失，制动作用即行解除。

三、驻车制动器的构造

驻车制动器俗称手制动器，它可使停驶的汽车驻留原地不动，便于在坡道上起步；行车制动器失效后临时使用或配合行车制动器进行紧急制动。

驻车制动器按其安装位置可分为中央制动式和车轮制动式两种。前者安装在变速器或分动器的后面，制动力矩作用在传动轴上；后者和行车制动装置共用一套制动器（只是传动机构是相互独立的），结构简单、紧凑，已在轿车上得到普遍应用。图 5-33 所示为拉索式机械操纵驻车制动系统。

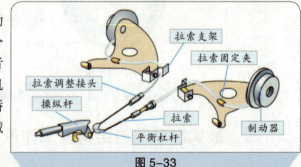

图 5-33

四、鼓式制动器的拆装与调整

1. 鼓式制动器的拆卸

> 步骤 1

用举升机将车辆升至工作位置，用风炮松开轮胎螺栓，取下轮胎，如图 5-34 所示。

任务三　鼓式制动器的构造与拆装

图 5-34

步骤 2

用螺钉旋具松开定位螺栓，取下制动毂，如图 5-35 和图 5-36 所示。

图 5-35　　　　　　　图 5-36

步骤 3

取下上下两个回位弹簧，如图 5-37 所示。

图 5-37

171

步骤 4

用钳子取下压簧座圈，如图 5-38 所示。

图 5-38

 步骤 5

取下制动蹄，如图 5-39 所示。

图 5-39

2. 鼓式制动器的安装

按照拆卸过程的相反顺序安装。

3. 鼓式制动器的调整

 步骤 1

检查驻车制动器，确保制动以全部释放。

步骤 2

举升支撑车辆。

步骤 3

拆下后轮胎和车轮总成。

步骤 4

拆下制动螺钉和制动毂，如图 5-40 所示。

步骤 5

转动旋转调节器总成，使调节器处于合适位置，如图 5-41 所示。

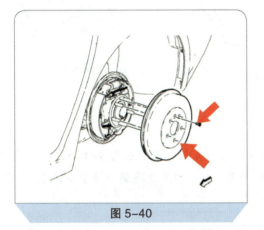

图 5-40

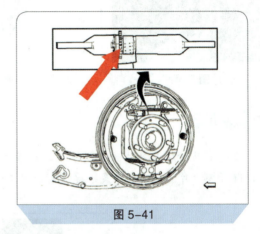

图 5-41

步骤 6

安装制动鼓。

步骤 7

安装轮胎和车轮总成。

步骤 8

降下车辆，确认制动效果。

五、鼓式制动器的检修

鼓式制动器的检修步骤如下：

步骤 1

检查制动鼓内表面有无烧损、刮痕和凹陷（如图 5-42 所示），若不能修磨应更换新件。

步骤 2

检查制动鼓的磨损程度和变形，用游标卡尺或专用仪器测量制动鼓内径（如图 5-43 所示）。

课题五 汽车制动系统的构造与拆装

如果制动鼓有刮痕或磨损,就把它车到所允许的最大内径(一般最大内径是在标准内径基础上加大 1mm)。

图 5-42

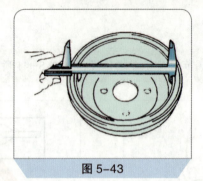

图 5-43

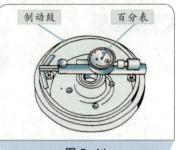

图 5-44

▶ 步骤 3

检查制动蹄摩擦衬片的磨损情况。测量制动蹄摩擦衬片的厚度(如图 5-45 所示),如果制动蹄摩擦衬片的厚度小于最小厚度或出现单边不均匀磨损,则应更换制动蹄摩擦衬片。

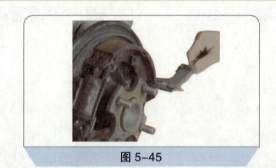

图 5-45

任务四　制动传动装置的构造与拆装

一、液压制动传动装置的组成

液压制动传动装置利用特制油液作为传力介质，将制动踏板力转换为油液压力，并通过管路传至车轮制动器，再将液压力转变为制动器工作的机械力。

液压制动传动装置主要由制动踏板、推杆、真空助力器、储液罐、制动主缸、制动轮缸以及管路、接头等组成，如图 5-46 所示。

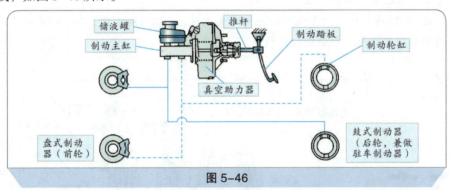

图 5-46

制动时，驾驶员踩下制动踏板，通过助力器助力后，使主缸内的活塞移动，将制动液自主缸内压出，并经管路分别进入前、后轮制动轮缸内，使轮缸活塞移动，从而将制动蹄压靠在制动鼓、制动盘上，从而产生制动作用。解除制动时，驾驶员放松制动踏板，制动蹄和轮缸活塞在回位弹簧的作用下回位，将制动液压回制动主缸，制动作用解除。

1. 制动主缸

制动主缸的作用是将踏板输入的机械力转换成液压力。双管路液压制动传动装置中的制动主缸一般采用串联双腔制动主缸，如图 5-47 所示。

制动主缸与工作原理　制动液与液压原理　制动系统的排气

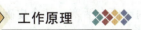

正常状态下操纵制动踏板，经推杆推动后活塞左移，在其橡胶碗遮盖住旁通孔之后，工作腔油液压力升高，油液一方面经出油阀流入制动管路，一方面推动前活塞左移。在后腔油液压力和弹簧弹力的作用下，前活塞向左移动，前腔油液压力也随之升高，油液推开出油阀流入管路，于是两个制动管路在等压下对汽车制动。

课题五 汽车制动系统的构造与拆装

当迅速放开制动踏板时,由于油液的黏性和管路阻力的影响,油液不能及时流回主缸填充因活塞右移而让出的空间,因而在旁通孔开启之前,压油腔中产生一定的真空度。此时进油腔液压高于压油腔,因而进油腔的油液便从前、后腔活塞的前密封橡胶碗的边缘与缸壁间的间隙流入各自的压油腔以填补真空。与此同时,储液罐中的油液经补偿孔流入各自的进油腔。活塞完全回位后,旁通孔已开放,由制动管路继续流回主缸而泄漏及因温度变化而引起的制动液膨胀或收缩,都可以通过补偿孔和旁通孔得到补偿。当制动间隙过大或液压系统进入空气,致使踏板踩到极限位置仍感到制动力不足时,可迅速放松踏板后随即再踩下,如此反复几次,使压入管路中的油液增多,油压升高,以进一步加大制动力。

若与前腔连接的制动管路损坏漏油,则在踩下制动踏板时,只有后腔中能建立液压,前腔中无压力。此时在液压差作用下,前活塞迅速前移到前缸活塞前端顶到主缸缸体上。此后,后缸工作腔中的液压方能升高到制动所需的值。

若与后腔连接的制动管路损坏漏油,则在踩下制动踏板时,起先只是后缸活塞前移,而不能推动前活塞,原因是后缸工作腔中不能建立液压。但在后缸活塞直接顶触前活塞时,前活塞前移,使前缸工作腔建立必要的液压而制动。

由此可见,双回路液压制动系统中任一回路失效时,主缸仍能工作,只是所需踏板行程加大,导致汽车的制动距离增长,制动效能降低。

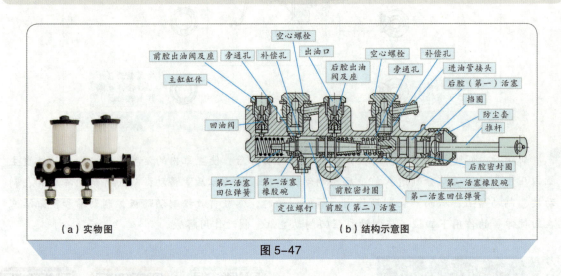

图 5-47

2. 制动轮缸

制动轮缸的作用是把主缸传来的油液压力转变为轮缸活塞的推力,推动制动蹄压靠在制动鼓上,产生制动作用。制动轮缸有双活塞式和单活塞式两种。

图 5-48 为双活塞式制动轮缸,缸体用螺栓固定在制动底板上,缸内有两个活塞、两个皮碗。活塞外端的凸台孔内压有顶块,与制动蹄的上端抵紧。制动时,来自制动主缸的制动液经油管接头和进油孔进入两个活塞之间的油腔,将活塞向外推开,通过顶块推动制动蹄,引起车轮的制动。

图 5-48

3. 真空助力器

在普通的液压制动系统中，加装真空助力器，可以减轻驾驶员施加于制动踏板上的力，增加车轮制动力，达到操纵轻便、制动可靠的目的。真空助力器是利用发动机工作时在进气管中形成的真空度（或利用真空泵）为力源的动力制动传动装置。真空助力器分为单膜片式和串联膜片式两种。国产轿车一般采用单膜片式真空助力器，如图 5-49 所示。

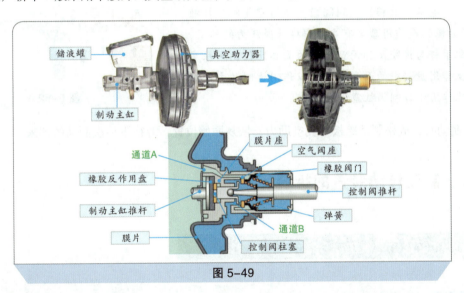

图 5-49

真空助力器的工作过程如下：

》 **真空助力器不工作时**

如图 5-50 所示，弹簧将推杆连同控制阀柱塞推到后极限位置（即真空阀开启），橡胶阀门则被弹簧压紧在空气阀座上（即空气阀关闭）。伺服气室前、后腔经通道 A（如图 5-49 所示）、控制阀腔和通道 B 互相连通，并与空气隔绝。在发动机开始工作且真空单向阀被吸开后，伺服气室左、右两腔内都产生一定的真空度（因为前腔接真空管）。

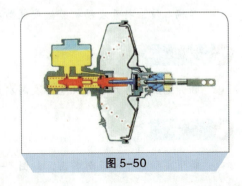

图 5-50

课题五 汽车制动系统的构造与拆装

▶ 踩下制动踏板时 ◆◆◆◆

当制动踏板踩下时,起初气室膜片座固定不动,来自踏板机构的操纵力推动控制阀推杆和控制阀柱塞相对于膜片座前移。当柱塞与橡胶反作用盘间的间隙消除后,操纵力便经反作用盘传给制动主缸推杆(如图 5-51 所示)。同时,橡胶阀门随同控制阀柱塞前移,直到与膜片座上的真空阀座接触为止。此时,伺服气室前、后腔隔绝。

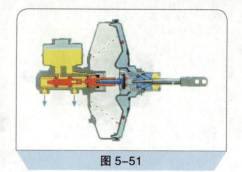

图 5-51

▶ 真空助力器充分工作时 ◆◆◆◆

控制阀推杆继续推动控制阀柱塞前移,直到其上的空气阀座离开橡胶阀门一定距离。外界空气充入伺服气室后腔(如图 5-52 所示),使其真空度降低。在此过程中,膜片与阀座也不断前移,直到阀门重新与空气阀座接触为止。因为橡胶反作用盘具有液体那样传递压力的作用,制动主缸推杆与橡胶反作用盘接触的面积比控制阀柱塞与橡胶反作用盘接触的面积大,所以作用于制动主缸推杆的力比作用于控制阀柱塞的大。

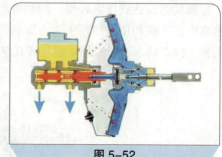

图 5-52

解除制动时,放松制动踏板,真空助力器恢复原始位置,等待下一次制动的到来。

二、制动传动装置的拆装

1. 制动传动装置的拆卸(以科鲁兹为例)

▶ 步骤 1

车辆入位,打开发动机舱盖安装防护垫,如图 5-53 所示。

▶ 步骤 2

断开电源,解开发动机冷却液副水箱卡扣,如图 5-54 所示。

▶ 步骤 3

拆下发动机冷却液副水箱,如图 5-55 所示。

任务四　制动传动装置的构造与拆装

图 5-53

图 5-54

> 步骤 4

取下制动液位传感器插头，如图 5-56 所示。

图 5-55

图 5-56

> 步骤 5

吸出储液罐内的制动液，如图 5-57 所示。

> 步骤 6

拆下制动总泵前、后的制动管，如图 5-58 所示。

图 5-57　吸出制动液

图 5-58　拆下制动管

课题五 汽车制动系统的构造与拆装

步骤 7

取下制动总泵与助力泵固定螺母，如图 5-59 所示。

步骤 8

取出带储液罐的制动总泵，如图 5-60 所示。

图 5-59

图 5-60

步骤 9

拆卸 ABS 泵线束插头，如图 5-61 所示。

步骤 10

拧松 ABS 泵各制动管的接头螺母，取下各制动管，如图 5-62 和图 5-63 所示。

步骤 11

取下 ABS 泵固定支架，如图 5-64 所示。

图 5-61

图 5-62

步骤 12

拔出真空助力阀压力传感器线束插头，如图 5-65 所示。

任务四　制动传动装置的构造与拆装

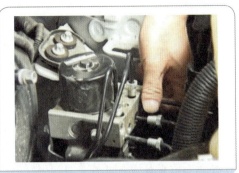

图 5-63

图 5-64

步骤 13

从助力器上拆下助力器真空管，如图 5-66 所示。

步骤 14

松开紧固螺栓（如图 5-67 所示），将制动踏板杆从制动踏板上断开，取下真空助力器（如图 5-68 所示）。

图 5-65

图 5-66

图 5-67

图 5-68

2. 制动传动装置的安装

按照拆卸过程的相反顺序安装。

三、液压制动传动装置的检修

1. 制动主缸的检修

步骤 1

检查缸体，不得有腐蚀、锈斑、划痕或凹坑，缸体外部如有裂纹或气孔应更换。

步骤 2

检查缸筒内壁工作面的磨损状况，工作面上不允许有麻点和划痕。当圆柱度误差大于 0.025mm，或缸筒内壁磨损大于 0.12mm，或泵筒与活塞配合间隙大于 0.15mm 时，应更换新件或镶套修复。当检查活塞与缸筒配合间隙超过 0.13mm 时，应更换主缸；如果是由于活塞磨损过多而造成的，只需更换活塞即可。

步骤 3

检查缸筒内壁上的锈蚀、麻点，如果不在皮碗行程内时，允许继续使用。

步骤 4

检查活塞上的星形阀是否松脱、破裂，否则应予以重铆或更换。

步骤 5

检查出、回油阀门是否失效，皮碗、密封圈是否发胀、变形、破损，防尘罩损坏时一律更换新件。

步骤 6

检查主缸回位弹簧，应正直、弹力大，如不符合要求，一律更换。

2. 轮缸的检修

轮缸的检修方法与主缸相同。更换轮缸时，其规格必须与原车轮缸相同。同一桥上的两只轮缸的内径必须相同，以保证得到相等的制动力，防止制动跑偏。螺套锥面应平滑、规整，不得有凹槽和破损，否则应予以修复。

3. 制动踏板自由行程的调整

步骤 1

发动机熄火，踩制动踏板多次，以消除真空助力器内的残余真空。因为有真空度存在时，无法正确检查制动踏板的自由行程。

制动踏板检查与调整

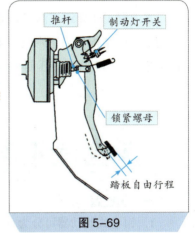
图 5-69

步骤 2

踩下制动踏板，直至感到有阻力为止。测量该行程即为踏板自由行程，如图 5-69 所示。

步骤 3

如果踏板自由行程不符合要求，应改变主缸推杆的长度来进行调整。拧松推杆的锁紧螺母，转动推杆至符合规定，最后将锁紧螺母拧紧。

4. 真空助力器的检修

真空助力器的常见失效形式是膜片破裂、控制阀和密封件失效等。

阀与阀座如有破裂，沟槽、密封件如有泄漏，必须更换；壳体和膜片如有破裂，应予以更换；若零件磨损，应予以更换或刷镀修复。

课题五 汽车制动系统的构造与拆装

课题小结

本课题主要介绍了汽车制动系统的组成、作用与分类，盘式制动器的结构与工作原理，鼓式制动器的结构与工作原理，盘式制动器的检修方法，鼓式制动器的检修方法，制动传动装置的组成与工作原理，液压制动传动装置零件的检修方法。

思考与练习

一、填空题

1. 钳盘式制动器可分为_____和_____。
2. 制动轮缸的作用是_____，通常分为_____和_____两种。
3. 串联双腔制动主缸的前腔与_____相通，后腔与_____相通。在正常情况下，前活塞靠_____推动，后活塞由_____直接推动。
4. 制动器的领蹄具有_____作用，从蹄具有_____作用。

二、判断题（对的打"√"，错的打"×"）

1. 领从蹄式制动器在汽车前进或后退时，制动几乎相等。（　　）
2. 液压制动主缸的补偿孔堵塞，会造成制动不灵。（　　）

三、选择题

1. 制动踏板自由行程过大会（　　）。
   A. 制动不灵　　　B. 制动拖滞　　　C. 甩尾　　　D. 以上均正确
2. 桑塔纳轿车前轮所采用的制动器为（　　）。
   A. 浮钳盘式制动器　　　　　　　B. 定钳盘式制动器
   C. 全盘式制动器　　　　　　　　D. 以上均不正确
3. 领从蹄式轮缸车轮制动器的两制动蹄摩擦片的长度是（　　）。
   A. 前长后短　　　B. 前后等长　　　C. 前短后长　　　D. 以上均不正确
4. 在解除制动时，液压制动主缸的出油阀和回油阀的开闭情况是（　　）。
   A. 先关出油阀，再开回油阀　　　B. 先开回油阀，再关出油阀
   C. 两阀均开　　　　　　　　　　D. 两阀均关
5. 制动控制阀的排气阀门开度的大小影响（　　）。
   A. 制动效能　　　B. 制动强度　　　C. 制动状态　　　D. 制动解除时间

参 考 文 献

[1] 肖卫兵，阳娣莎，彭勇.汽车底盘构造与拆装［M］.武汉：华中科技大学出版社，2018.

[2] 武华，何才.汽车底盘构造与拆装工作页（第二版）［M］.北京：人民交通出版社，2013.

[3] 廖抒华，陈坤.汽车底盘构造与拆装［M］．北京：人民交通出版社，2017.

[4] 王林超，徐刚.汽车底盘构造与拆装［M］．北京：人民交通出版社，2017.

[5] 祖国海.汽车底盘构造与维修（第二版）［M］.北京：中国劳动社会保障出版社，2015.

[6] 陈纪民.汽车底盘构造与维修（第二版）［M］.北京：中国劳动社会保障出版社，2018.

[7] 谭本忠.汽车底盘构造与维修图解教程（第2版）［M］.北京：机械工业出版社，2016.

[8] 文定凤，杨长忠.汽车底盘构造与维修［M］.北京：机械工业出版社，2018.